अशोक कुमार पांडेय

कश्मीर के इतिहास और समकाल तथा भारत के आधुनिक इतिहास के विशेषज्ञ के रूप में सशक्त पहचान बना चुके अशोक कुमार पांडेय का जन्म 24 जनवरी, 1975 को पूर्वी उत्तर प्रदेश के मऊ ज़िले के सुग्गी चौरी गाँव में हुआ। वे गोरखपुर विश्वविद्यालय से अर्थशास्त्र में परास्नातक हैं। कई विधाओं में लेखन के बाद पिछले काफी समय से इतिहास लेखन में सक्रिय हैं। उनके दो कविता-संग्रह—*लगभग अनामंत्रित* और *प्रलय में लय* प्रकाशित हैं। *कश्मीरनामा, कश्मीर और कश्मीरी पंडित, उसने गांधी को क्यों मारा, सावरकर : काला पानी और उसके बाद, राहुल सांकृत्यायन : अनात्म बेचैनी का यायावर* उनकी बहुचर्चित पुस्तकें हैं।

ई-मेल : ashokk34@gmail.com

आवाज़-बेआवाज़

अशोक कुमार पांडेय

राजकमल पेपरबैक्स

राजकमल पेपरबैक्स में
पहला संस्करण : 2025

राजकमल पेपरबैक्स : उत्कृष्ट साहित्य के जनसुलभ संस्करण

राजकमल प्रकाशन प्रा. लि.
1-बी, नेताजी सुभाष मार्ग, दरियागंज
नई दिल्ली-110 002
द्वारा प्रकाशित

शाखाएँ : अशोक राजपथ, साइंस कॉलेज के सामने, पटना-800 006
पहली मंजिल, दरबारी बिल्डिंग, महात्मा गांधी मार्ग, प्रयागराज-211 001
1, अनमोल सोराबजी सन्तुक लेन, धोबी तलाव, मरीन लाइंस, मुम्बई-400 002
वेबसाइट : www.rajkamalprakashan.com
ई-मेल : info@rajkamalprakashan.com

विकास कम्प्यूटर एंड प्रिंटर्स
ट्रॉनिका सिटी-201 102
द्वारा मुद्रित

मूल्य : ₹250

AWAZ-BEAWAZ
Poems by Ashok Kumar Pandey

ISBN : 978-93-6086-084-4

चन्द्रकान्त देवताले, प्रो. लालबहादुर वर्मा,
प्रकाश दीक्षित और मंगलेश डबराल के लिए
जिनका जाना मेरी दुनिया को थोड़ा और उदास कर गया

क्रम

दुनिया

हँसो मत 11
गज़ा में युद्ध 13
फ़लस्तीन 16
एक आवाज़ बेआवाज़ 18
देस वीराना 21
इन दिनों 24
राजा भी मरेगा एक दिन 28
दरवाज़े बन्द कर लो 30
जो है वह यही है 33
रब्त-ए-वारफ़्तगी है कि जो 35
भीड़ 37
बेशर्मी के पक्ष में 40
इन दिनों देश 43
चन्द्रकात देवताले 48
प्रकाश दीक्षित 50
लाल बहादुर वर्मा 51
कुछ न होता तो ख़ुदा होता उर्फ़ गनीमत है 53
उनका मरना लाज़िम था 57
जात्रा 60
कोशिश 64
उम्मीद 66
जैसा होता है... 68

यह समर्पण ध्वनि है तूर्य की सी बजती हुई 71

तुम

सात 81
जहाँ नहीं हो तुम 83
इस तरह गिरती हैं बूँदें 84
जहाँ लौटना है 85
एक शाम 87
लम्हे ख़त्म नहीं होते पानी की बूँदों की तरह मिलकर बड़े हो जाते हैं 90
बातें 92
वह सब जो सीखा हमने प्रेम में 96
असमाप्त प्रतीक्षाओं के बीच 100
इन आँखों में वह कौन-सा जल है जहाँ तक नहीं पहुँचते मेरे चुम्बन? 101
सूर्य होने के भ्रम में बादल से रहे तुम्हारे जीवन में 103
मैं चाहता हूँ करना प्यार 105
जुगनू, वनफूल और तुम 107
धूल, गंध और पतंगे 109
तुम चाँद से कैसे रूठ सकती हो! 112

और कमबख़्त मैं

भोर 115
दोपहर 117
किसी सलीब पर देखा है मुझको बोलो तो 119
उमस भरी रात है यह एक 122
मैं उस युद्ध में शामिल था... 124
मेरा नहीं है यह जो मुझ जैसा लगता है 126
जो है वह यही है 129
कितने क़दमों के बाद गलने लगेगी देह? 131
बहुत गझिन है यह यवनिका 134
कवि का एकालाप 136

दुनिया

हँसो मत

हँसो मत
जब विदूषक भाषण दे रहा हो

मत हँसो जब वह इतिहास के भूगोल को कर रहा हो चपटा
उसकी अँगुलियों का घूमना देखो जैसे डब्बे में घूमता ताजमहल देखा था कभी
देखो उसकी भंगिमा जैसे पहली फ़िल्म देख रहे हो जीवन की
और उसके रुकते ही उठ खड़े हो जाओ
हथेलियाँ मिलाते रहो तालियों की शक्ल में
आवाज़ें रिकॉर्ड हैं पहले से

हँसो मत
जब वह कहे देश—तान लो मुट्ठियाँ
वह संकट कहे—पसार दो हथेली
उठे उसकी गर्दन तो झुका लो अपनी
उसके होने को आँखों में नहीं रीढ़ की हड्डी में महसूस करो
सिहरन की तरह
वह बोलने को कहे तो मुँह खोलो बस
आवाज़ें रिकॉर्ड हैं पहले से ही

हँसो मत
सीमा पर सन्नाटा है इसलिए बन्द कर दो टीवी
बाज़ारों में शोर है इसलिए घर में रहो
उसे देखने के लिए आँखें खोलना क़तई ज़रूरी नहीं

जहाँ सब हैं रहो वहाँ
सुनो सब देखो सब मुस्कुराओ फुसफुसाकर कहो कान में ऐसे कि कोई
शब्द न दे सुनाई
आवाज़ें रिकॉर्ड हैं पहले से ही

हँसो मत
तब भी जब वह रो रहा हो
यह हँसने नहीं गंभीर होने का समय है।

गज़ा में युद्ध

(एक)

आसमान से इलहाम नहीं आग बरसी
कवि का क़लम रुक गया
बाग़ीचे में अधखिले फूल अधजले से ठिठक गए
चीख़ने की मुहलत किसके पास थी?

एक अट्टहास बिखर गया चारों ओर
अनसुना करने में ही ख़ैर थी

(दो)

रोटी महँगी थी
हथियार सस्ते

दस घंटे पसीने के कीचड़ में डूबकर निकलने पर मिलती थी रोटी और हर दस मिनट पर एक चमकती रिवाल्वर हाथ बदल लेती थी। रोटी के लिए रिवाल्वर की ज़रूरत थी, रिवाल्वर के लिए रोटी ग़ैरज़रूरी।

हथियारों के सौदागर ने फ़ैसला दिया
नानबाई की दुकान से भंग हो सकती है शहर की शान्ति

दुनिया की सबसे बड़ी अदालत ने
नज़ीर की तरह दर्ज किया फ़ैसले को

(तीन)

कितनी ज़मीन चाहिए एक आदमी को?

ठठाकर हँसा हत्यारा इस सवाल पर
उतनी कि जिसके बाद किसी के पास न बचे ज़मीन

(चार)

जो मरा, उसने ख़ुद दे दी थी जान
टूटा जो घर वह अपने ही बोझ से दरक गया था
ख़ुद-ब-ख़ुद बंजर हो गई थी ज़मीन
बड़ा नहीं होना चाहते थे बच्चे
औरतें नहीं जनना चाहती थीं और बच्चे
थक गए थे रोटियाँ बनाते-बनाते तन्दूर

वह गवाही के कटघरे में नहीं
न्यायाधीश की कुर्सी पर बैठा था
कटघरे में खड़े ख़ुद को मुक्त करते हुए उसने कहा
थक गया हूँ फ़ैसले देते-देते
अगला बम अदालत पर गिरेगा।

(पाँच)

बहुत-से लोग थे जो मदद करना चाहते थे मक़तूल की

भरोसों का समन्दर बहता था उसके उदास घर के क़रीब
लेकिन खारा था पानी, पी नहीं सकते थे
लेकिन मछलियाँ छोड़ गईं थीं अपना देस
लेकिन सीपियों में नहीं बचे थे मोती

लेकिन जहाज़ भटक गए थे रास्ता
लेकिन सूरज डूब गया था सरे-शाम

तो जब लहर बढ़ी उस ओर तो
मक़तूल सिर्फ़ मुस्कुराया।

फ़लस्तीन

उसने कहा
मर जाना चाहिए इन सबको
गज़ा पर गिरना चाहिए परमाणु बम
वेस्ट बैंक के लिए मशीनगनें काफ़ी हैं
इतने सारे मुल्क हैं दुनिया में
चलें जाएँ थोड़े-थोड़े हर मुल्क में
जानवर ही तो हैं
दो हाथ-दो पैरों वाले

चार मंज़िले घर के मलबे से
एक कमज़ोर-सी आवाज़ आई

जानवर भी पहचानते हैं अपनी ज़मीन की ख़ुशबू
अपने चरागाह की घास उन्हें भी भरती है नशे से
एक दरवाज़ा उनका भी होता है दिन ढलते लौटने के लिए
अपने तालाब का पानी उनका आब-ए-ज़मज़म होता है

जब कुत्तों के अधिकार के लिए
सभ्य देशों में चल रहे हैं आंदोलन
तो हम तो इंसान थे
तुम्हारे यहाँ आने से पहले

फिर बरसेगा पानी

और जब तुम बारूद को भीगने से बचाने के लिए
जद्दोजहद कर रहे होगे
इसी मलबे से उग आएँगी हमारी ज़िन्दगी की कोंपले
समन्दर से आसमान तक
हमारी साँसों से भर जाएगा
फ़लस्तीन

एक आवाज़ बेआवाज़

(एक)

मानसबल झील पर मुँह उचकाकर देखती होंगी मछलियाँ
डोंगियों में बहते उदास चेहरे
पचास दिनों से क़हक़हे के इन्तिज़ार में
मछलियों को तो कुछ समझ नहीं आता

रात के सन्नाटे में खीर भवानी से आती होगी कोई आवाज़
तो उदास हो जाती होंगी मछलियाँ?

(दो)

वलरहामा के पुराने शिव मन्दिर में
क्या प्रार्थना करते होंगे इन दिनों रतनलाल?

तीस साल पुरानी वह उदास रात
सपनों में आती होगी रंग बदलकर
गूँजते होंगे कानों में नारे नये-पुराने
सस्ती शराब के टूटते हुए नशे में उभरता होगा कौन-सा दृश्य?

चिल्लाँ के लिए जुटाते लकड़ियाँ
किसी चिता की याद
जाने तोड़ रही होगी
या कि जोड़ रही होगी।

(तीन)

मेरी अँगुलियों की तरह बेचैन होंगी उसकी आँखें
आख़िरी सिगरेट मसलता एश-ट्रे में
किस निगाह से देखता होगा कैमरे को रात के तीसरे पहर
कैमरा...जिसमें दफ़्न है तीस सालों का तर-ब-तर इतिहास
श्रीनगर, माछिल, वंधामा, शोपियान...

धूल और धुएँ से भरी कार में भटकता यहाँ से वहाँ
पथरीली आँखों में मुस्कुराता होगा शायद
कितने असहाय होते हैं एक मुर्दा शहर के ज़िन्दा बाशिन्दे!

(चार)

उधर से आती है एक आवाज़ पहचानी
और भीग जाता हूँ
अपना हाल बताने से पहले पूछते हैं मेरा हाल

मैं देश की राजधानी में हूँ
चौबीस घंटे बिजली
सुरक्षित सड़कें
एक डंडी कम होती है सिग्नल की तो गरियाता हूँ सिस्टम को
तैंतालिस दिन बाद उनकी बैठक में बजा था फ़ोन
तैंतालिस दिन बाद खुली थी धूल-भरी खिड़की
तैंतालिस दिन बाद पूछा था उन्होंने दोस्तों का हाल
और आप लोग?
गाढ़ी उदास हँसी में
हिन्दी के उस कश्मीरी कवि ने कहा—
ज़िन्दा हैं बस

और किताबों से भरी मेरी आलमारी ख़ामोश हो गई।

(पाँच)

लिद्दर बहती होगी उसी ग़ुस्से से
वैसे ही उठती होगी कराह और गुर्राहट की आवाज़

मट्टन पर वैसे ही छाया होगा भूरा आबशारी आकाश
वैसे ही खिले होंगे फूल हरियाली की वैसी ही क़ालीन

वैसे ही उदास होगी पत्थर मस्जिद उस पार देखती ख़ानक़ाह को
वैसे ही फ़ौजी क़हक़हे मुजाहिद मंज़िल में
वैसे ही मकान ख़ाली हब्बा कदल के
बन्द दुकानों में वही चीज़ें पुरानी
बन्द होंठों में वही ग़ुस्सा पुराना
वही पुरानी उदासी वीरान आँखों में
सब वैसा ही दिल्ली में
वैसा ही होगा लाहौर

जो बदलता है
कहाँ बदलता है?

देस वीराना

(एक)

एक भरोसा था थामे हुए अँगुली
छाते-सा टिका उदास कंधों पर
थके पाँवों में फटे जूतों-सा
शब्द खो रहे थे जिस वक़्त अपने मा'नी
एक भरोसा था मौन-सा उदात्त

पचास साल का मनुष्य नहीं
झुर्रियों-भरे चेहरेवाला
भरोसा हुआ हताहत
कुल्हाड़ी के पहले वार से।

(दो)

चुम्बन की देह छोड़ जाते प्रेम को देखा
और उदास हुई
उत्तेजित देह से टपकती निराशा देखी
और भयभीत हुई
देखा उसने बाग़ीचे से विदा लेते फूलों को
घर से चुपचाप निकलता भरोसा देखा उसने
और टूट गई

अपनी लाश देखने से पहले देखा उसने
संविधान के सीने पर गड़ा
मनुस्मृति का ध्वज

(तीन)

बहुत दिनों बाद लौटा था वह घर
सपनों की हरियाली पर धब्बे देखे
जाने ईद का दिन था या होली का
जाने आवाज़ें थीं या नारे थे कोई

ट्यूबवेल पर नहाते बच्चों ने
हँसते हुए किया सलाम तो उसे डर लगा
पास की दुकान पर दिखे
कुछ नये सामान तो उसे डर लगा
डर से भागने की कोशिश में वह गया
हर उस पुरानी जगह जहाँ छिप जाता था बचपन में
दिखे वहाँ बियाबान तो उसे डर लगा

आँखों का अँधेरा उतरा जब खलिहान में
काँपती-सी आवाज़ में पूछा उसने वक़्त
और जवाब की प्रतीक्षा नहीं की

(चार)

आधी रात दरवाज़े पर कौन होगा?

हवा तेज़ थी लेकिन घंटी नहीं बजा सकती
जो चला गया था वह नहीं लौटता कभी दरवाज़े से
पड़ोसी उसकी ही तरह आशंका की लोई ओढ़े पड़े होंगे

बच्चे जो रह गए इस शहर में दिन में भी नहीं करते शरारत

बढ़ते ही जाने थे ये वाक्य अपनी लंबाई में
और घटते जाते तर्क में
उसे पता था वह कश्मीर में था।

इन दिनों

(एक)

इन दिनों भरोसा एक घायल हिरण है उम्मीद झुंड से बिछुड़ा पक्षी

इन दिनों सोचता हूँ देखता हूँ और कहता कुछ नहीं
ये सुनने के दिन हैं सोचने की रातें

सफ़ेदियों पर कोई पीलापन तारी हुआ जाता है
आवाज़ें आती हैं नहीं आती हैं
उनकी दहलीज़ पर ख़ामोश बैठ जाता है
एक सहमा हुआ सा बशर तनहा

उसके काँधे पे हाथ धरता हूँ
तो चौंक पड़ता है अजाने ख़ौफ़ से किसी
देखना चाहता हूँ आँखों में
तो फेर लेता है आँख समेट लेता है जिस्म

शहर की सारी शफ़्फ़ाफ़ गलियों में
शोर है और एक वीरानी है
कि जैसे सुबह की ख़बरों में
अनकही रोज़ एक कहानी है

बहुत हैरान होके ख़ुद से कहता हूँ
क्या बात है? चुप क्यों रहता हूँ?

(दो)

वह जो बोलता है दिन-रात झूठ बोलता है
और सवाली शीशे के घरों में बैठे हैं

जहाँ से आवाज़ आनी थी वहाँ से चुप्पियों के फ़रमान जारी हो रहे हैं
हथौड़ा थामे झूल गया है एक हाथ
कटोरा थामे तने हुए हैं सैकड़ों सिर
क़र्ज़ नेमत है और फ़र्ज़ कुफ़्र है इन दिनों
रोटियाँ रंगीन दुकानों में सजी हैं हर सिम्त
और
थालियाँ पेट उघारे हुए निर्लज्ज फिरा करती हैं

इन दिनों आग और पानी में कोई फ़र्क़ नहीं
दोनों दरबान हैं चुपचाप खड़े रहते हैं
साहिब-ए-वक़्त के इशारों पर
दोनों झुकते हैं निहाल होते हैं

ऐसे ख़ुशहाल दिनों की सड़कों पर
जब कभी मुट्ठियाँ थोड़ी-सी लहराती हैं
एक हरारत-सी होती है, गुज़र जाती है
चुप्पियाँ अब तलक हैं बहुमत में
सुबह फिर सन्दली ख़बर ये आती है

(तीन)

साहिबे-वक़्त की बातों में एक जादू है
साहिबे-वक़्त की नज़र क्या ख़ूब
नूर छलके है उनकी चितवन से
साहिबे-वक़्त के सूट...सुभानल्लाह

कहा कवि ने और हामी में बजरबट्टू-सा हिलने लगा सिर आलोचक का
लिखा अख़बार ने टीवी पे बजने लगा रेडियो गाने लगा
ख़ुद को तबले-सा पड़ोसी मेरा बजाने लगा
तीरगी में जो अब तलक बैठा था
उसी को रौशनी बताने लगा
साहिबे-वक़्त की बातों में एक जादू है

साहिबे-वक़्त जो आए तो चमका सूरज
साहिबे-वक़्त ने कहा तभी रात हुई
पेड़ हरियाये, खिले गुल, कोख में धरती की
हीरे-मोती की गैस-ओ-पेट्रोल की बरसात हुई

तो जो उनका था सब बाँट दिया
सपने तुम्हारे तेल हमारा
हार तुम्हारी खेल हमारा
क़ैद तुम्हारी बेल हमारा
जुबाँ तुम्हारी बोल हमारा
कितना सुन्दर है बँटवारा

एक निवाले को बाँटकर दो में
सादे पानी से गला-भर के कोई निकला तो
सामने दीवार पर तसवीर थी साहिबे-वक़्त की।

(चार)

फफोलों पे रखी नर्म बर्फ़ की तरह
रूह पर जिस्म पर जाँ पर है तुम्हारा प्रेम इन दिनों
मौत-सी नींद में स्वप्नों की तरह
ख़ामुशी के बयाबाँ में परिंदों की बेआवाज़ आवाज़ों-सा

आओ पाँवों में पहन लो मुझे चप्पल की तरह
आओ आग-सी बस जाओ मेरी आँखों में

आज जब जिस्म आज़ाद ज़बाँ क़ैद है तो
आओ बुलबुल की तरह गाएँ इस ज़िन्दाँ में हम
थाम लें गिरता हुआ परचम
जलती किताबों को सीने से लगा लें, उठा लें
अपने माज़ी के रौशन पन्नों को
सरे-बाज़ार बिकने से बचा लें
जबकि ख़तरे में है
ग़ालिब की जबाँ निराला की पुकार
चार्वाकों की गरज बुद्ध की मद्धम आवाज़
आओ हम अपने दहकते हुए सीनों में
अपने हमराहों के हमरंग पसीनों में
इनको ख़ुशबू की तरह समेटें बिखेरें हर ओर
आओ ख़तरों से मिलाकर आँखें
बिखरी टूटी हुई क़ौम से बात करें
पत्थरों में भी इन्क़लाब भरें

काम मुश्किल है बहुत ये कोई आसान नहीं
एक दिन में मंजर नहीं बदलने वाला
सैकड़ों बरसों की बर्फ़ का ये परबत
चन्द साँसों से तो नहीं पिघलने वाला
रात जैसी है थी वैसी पहले कोई रात नहीं।
आओ, मेरे अकेले के बस की तो ये बात नहीं।

राजा भी मरेगा एक दिन

अनजान-सी बीमारी से
या फिर महल की सीढ़ियों से गिरकर
खाते-खाते या फिर सोते-सोते
मामूली ज़ुकाम
या फिर उम्र के बोझ से ही दबकर
अमरत्व की इच्छा लिये
राजा भी मरेगा एक दिन

बदसूरत हेडलाइनों
और रूदालियों के अनमने विलाप में
पहुँचेगी ख़बर
जैसे ओले पहुँचते हैं छतों पर

कौतूहल में निकलेंगे लोग
बच्चे खेलना छोड़ देखेंगे इधर-उधर अचरज में
औरतें चौके से बाहर निकल टी.वी. निहारेंगी थोड़ी देर
मर्द उत्तराधिकारी पर चर्चा करते हुए मनाएँगे छुट्टी

महल के वीरान कक्षों में चलेंगी तलवार-सी ज़बानें
उदासी का केंचुल उतार उम्मीदें करेंगी परवाज़

ठीक वैसे ही सड़ेगी राजा की लाश
जैसे मुझ-सी परजा की

जलेगी आग
धुआँ हो जाएगी देह
अस्थियाँ चटकेंगी
तसवीरों में मुस्कुराता चेहरा सुतली बम की तरह फटेगा
मानव गंध से मचल उठेगा श्मशान का कुत्ता
दक्षिणा बटोरता पंडित घर लौटते ही उतार फेंकेगा गंभीरता का मुखौटा

हज़ार लाशों का बोझ लिये
राजा भी मरेगा एक दिन।

दरवाज़े बन्द कर लो

(कोविड के दौरान)

(एक)

मौत अब भीतर ही नहीं है
हवा में साँसें हैं और ज़हर भी
पानी में ज़िंदगी और मौत भी
शब्दों में उम्मीद जितनी उतनी निराशा

हाथ मिलानेवाला चुरा सकता है रेखाएँ
गले मिलने से
दुःख सीने बदल सकता है

ज़िंदगी का पता नहीं मौत से डरो।

(दो)

उस कोने में गिलास है
इस कोने में शराब

दोस्त कहीं नहीं।

(तीन)

फिर से भूख और रोग में से
एक को चुनना है

इस बार
पाँच साल का इन्तज़ार भी नहीं।

(चार)

देखा नहीं तुम्हें
आवाज़ को देखा
छुआ नहीं तुम्हें
आवाज़ को छुआ

इतना धुँधला कब था
नीला रंग आसमानी।

(पाँच)

बालकनी हो तो पेड़ उगा लो
ख़ुशी मना लो दीये जला लो
शोर मचा लो

बौने-बौने खेल रचा लो।

(छह)

घर में जाओ
बारह बाई बारह के कमरे में
बारह जन जान बचाओ

घर में जाओ
बारह जन मिलकर चूल्हे की
आग जलाओ

बहुत घुटन है बाहर भाई
घर में जाओ
घर में जाओ।

(सात)

हँसा ठठाकर दक्खिन टोला
अब बढ़िया है
सब अछूत हैं।

जो है वह यही है

कुहरे में डूबी सड़क के उस पार नहीं है कोई पेड़
उस पेड़ पर कोई पत्ती नहीं उस पत्ती में क्लोरोफ़िल नहीं ज़रा-सा भी
उसकी छत पर कोई सूरज नहीं, उस सूरज में एक भी किरण नहीं
उसकी कोख में कोई रौशनी नहीं, उस रौशनी में कोई दृश्य नहीं उस दृश्य में नहीं कोई और
ब्लैकहोल है इस कुहराये क्षितिज के उस पार और इस पार मैं हूँ

थकन के पार कुछ नहीं पैरों के पास
बैठो तो यह भरोसा भी नहीं कि वह पत्थर की बेंच है या कोई मृग मरीचिका
आश्वस्ति भीग-भीग जाती है थकन और आराम के बीच
एक आवाज़ कहती है लौट जाओ और रास्ते लील जाती है सारे
धीमी पुकार अट्टहास में बदलती हुई अट्टहास विलाप में टूटता
बढ़े हुए हाथ तैरते हैं हवा में मुस्कुराते हुए कहते हैं चयन है यह तुम्हारा
उम्मीदें रौशनी थीं चिता की अब यह जो राख है स्वप्नों की है इसे
स्मृतियों की नदी में कर दो प्रवाहित
अस्थियाँ कविताओं-सी रख लो अपने पास जब कम होगा दुःख तब रखेंगी ज़िन्दा ये

कँटीली झाड़ियों के बीच जाने चल रहा हूँ कि लौट रहा हूँ
एक क्षण तनती हैं मुट्ठियाँ तो दूसरे क्षण चीख़ पड़ता हूँ
कोई काँटा है जाने कि किसी फूल के दबने की चीख़ जो मुझमें खो गई है
भयंकर शोर आवाज़ों की कोई रणभूमि हो जैसे और मैं ख़ामोशियों की

तलाश में चलता हूँ मुसलसल
साँसें टूटती हैं, लय तो ख़ैर बनी ही नहीं वर्षों से,
हाथ झाड़ियों के बीच बनाते रास्ता टकराते कुहरे से और लौट आते अपनी जगह
ख़ाली है वह जगह और मुट्ठियाँ बाँध लेतीं ख़ालीपन को एक आवाज़
भरती जाती ख़ाली जगहों में
तुम उसे नारा कहते हो

धीरज के उस पार प्रतीक्षा है एक अधीर चलने के पहले कोई पता नहीं दिया तुमने ठहरने से पहले कोई आश्वासन नहीं प्रतीक्षा के पहाड़ के उस ओर कोई गाँव नहीं न इस ओर कोई छाँव। मैं वह नहीं जो चला था वह भी नहीं जिसने ऐन दुपहरी रुककर देखा था क्षण-भर सूरज को न वह जो राह पूछता आया झाड़ियों से। कोई और होगा वह जो शिखर से उतरते हुए अनुपस्थित गाँव की राह पूछेगा और कोई और होगा वह यह सुनने के बाद कि जो है बस यही है।

रब्त-ए-वारफ़्तगी है कि जो

जिनका कोई ठिकाना नहीं होता
उनके ढेरों पते होते हैं और ग़लत

किसी शाम कोई अचानक पूछता है हाल और तुम चौंक जाते हो
गली के आख़िरी घर से आती मद्धम रौशनी दिखाता कोई कहता है उम्मीद
और तुम चौंक जाते हो
फिर एक दिन
चौंकना भूल जाते हो अचानक
और किसी ख़ौफ़नाक सपने के बीच पानी पीते हुए ज़हर पीते हो निःशंक
उठने पर ज़िन्दा रहने का अफ़सोस होता है बस, आश्चर्य कोई नहीं।

सड़क पर जो पड़ा है औंधे मुँह
उसकी शक्ल में अपनी शक्ल दिखे तो समझो सब ठीक-ठाक है

सुन्दरतम वाक्य भी अपनी हज़ारवीं आवृत्ति में सारे रंग खो देता है
सबसे भव्य स्वप्न भी एक धब्बे में बदल जाता है एक दिन
यात्राएँ मार्ग न बदलें तो ऊब में बदल जाती हैं
एक दिन सबको चलना होता है और पहुँचना कहीं नहीं
लौटना उलटे पाँवों वाला प्रेत है

उम्मीदें पुरानी चादर-सी जितने पैबन्द लगाओ और बदशक्ल होती चली जाती हैं
रिवाज़ कफ़न में नये कपड़े का है

तुम्हें प्रेम चाहिए और सुख और भरोसा और जाने क्या-क्या
तुम आइना देखते हुए उसे नहीं ख़ुद को देखते हो
आँसुओं में तलाशते हुए कोई आदिम कामना
एक दिन ख़र्च हो जाता है प्रेम और तुम अब भी उसे प्रेम करते हो
किसी अधूरी रात चूमते हुए उसे अपने सीने पर उग आए सफ़ेद गुच्छे
सा चमकते हो, बुझ जाते हो
और पलटकर सोने से पहले कहते हो—मैं अब भी करता हूँ तुमसे प्यार!

उलझनें हैं कि एक शीराज़ा-ए-ज़ुल्मत है
जो सुलझती हैं तो हैरान किये जाती हैं

भीड़

(एक)

टिड्डियों की तरह उभर आए हैं कितने ही चेहरे अचानक
कितना शोर कैसी भाग-दौड़ जैसे भूकम्प के बाद की सड़क
आवाज़ें गड्ड-मड्ड एक वाक्य गिरता है दूसरे पर तीसरा बीच से उठ खड़ा हुआ है
झंडे हाथों में कुछ इस तरह कि देह ही पताका हुई जाती है
घूमते हैं गोल-गोल मानो समिधा है ठीक बीचोबीच
होती जातीं आवाज़ें तेज़ और तेज़
क़दमताल से काँपी है जैसे धरती यकायक
जैसे छलक आया है कुँए का पानी
एक घोंसला गिरा है ठीक बीचोबीच

हज़ार साल पुराना घोंसला एक जिसमें चूज़े कुछ
कृशकाय एक चिड़ा परकटा चिड़िया एक भीगी-सी
बताते हैं सन सैंतालीस की बारिश में भीगे उसके
पंख तो सूख ही नहीं पाए नब्बे में परकटे चिड़े के
तो चूजे गए ही नहीं घोंसले के बाहर

धधक रही है समिधा लगातार
शान्त है अब धरती कुँए की जगत पर बैठी है सर झुकाए प्यास

(दो)

वे सबसे पहले हमारे गाँव में आए
और डीह बाबा का चौरा उजाड़ स्थापित कर दी एक आदमक़द मूर्ति
कहा—तुम्हें सिर्फ़ इसे पूजना चाहिए।

फिर आए हमारे दरवाज़े पर
और लगाते हुए धर्मध्वजा कहा तुम्हारा धर्म दूर से दिखना चाहिए
जैसे मिल का धुँआ देता है दूर से उसका पता

फिर ओसारे में आए सूखती लुंगी को फेंका दूर
दालान में आए और जला दी उर्दू में लिखी बाबा की डायरी पुरानी
आँगन में आए और खींच दिया दादी के चेहरे पर घूँघट
चौके में गए और ले गए साथ लहसुन प्याज़ अंडे मटन

भीतरी कमरों में
हम ख़ुद-ब-ख़ुद हो गए चौकन्ने

(तीन)

भीड़ के हाथों में लोकतंत्र का सबसे पवित्र प्रतीक था
और पाँवों तले संविधान

भीड़ के माथे पर दहकता तिलक था
और सीने में हिंसा की धधकती आग

भीड़ की देह पर सबसे आधुनिक कपड़े थे
और आत्मा में आदिम क़बीलाई लालसा—
औरतें, गायें, सोना, रोमांच...

(चार)

इतिहास के हरे-भरे खेतों को
नीलगायों की तरह उजाड़ गई भीड़

बन्दरों की तरह नोच ले गई
साहित्य के बाग़ीचे को

दर्शन के भव्य चरागाहों को
बदल दिया पथरीले जंगलों में

भाषा को गालियों से भर दिया
ज्ञान को कस दिया सूचनाओं के कॉर्सेट से
न्याय के संगीत पर छा गया नारों का शोर

अब अँगुलियों पर हैं आहत भावनाएँ
बन्दूक़ के ट्रिगर-सी
जो भीड़ से बाहर होगा
भीड़ का शिकार होगा।

बेशर्मी के पक्ष में

एक भीड़ है पगलाई हुई
और पीछे जलते हुए घर तमाम

मैं सड़क किनारे खड़ा हूँ किताबें सँभाले
एक टूटे हुए लैम्पपोस्ट की आड़ में खड़ा जाने किसे पुकार रहा हूँ
और आवाज़ बुझे बल्ब के हल्के धुएँ में डूबती जा रही है

उनके हाथों में सबसे महँगे मोबाइल हैं
वे उन्हें पिस्तौल की तरह पकड़े भाग रहे हैं
उनके पैरों में सबसे महँगे ब्रांड के जूते हैं और उन पर ज़रा-सी भी धूल नहीं
उनके सीनों पर सजी हैं सबसे महँगे संस्थानों की डिग्रियाँ
जेबें फूली हुई हैं, बाल एकदम सँवरे देह गमक रही है ख़ुशबू से

वे एक ही साँस में कहते हैं प्रेम, सेक्स, देश और फाँसी
एक ही सुर में भजन और रैप गाते खिलखिलाते हैं
इतिहास उनके जूतों के नीचे पिसता चला जाता है
भविष्य ख़ुशबू की तरह उड़ता है क़मीज़ों से

वे किसी मन्दिर के सामने रुकते हैं, झुकते हैं और उठते समय कनखियों से नहीं पूरी आँखों से देखते हैं पोर्न फ़िल्मों के पोस्टर और इसके ठीक बाद नैतिकता पर एक लम्बा स्टेटस लिखते हैं और फिर माँ-बहन की गालियाँ देते वन्दे मातरम का उद्घोष करते पञ्च सितारा होटलों की बहुराष्ट्रीय बैठक में

एकदम अमेरिकी अंग्रेजी में प्रेजेंटेशन देते विकास की परिभाषा समझाते हैं।

मैं निकल आया हूँ उस आड़ से पसीना पोंछते
मैंने अभी-अभी जिस भाषा में लिखा था एक शब्द
वह कुचली पड़ी है सड़क पर
उठाता हूँ उसे दो घूँट पानी पिलाता हूँ
तो हँसता है कोई—दूषित है यह पानी
झलता हूँ पंखा रूमाल से चेहरा पोंछता हूँ
तो हँसता है कोई—दूषित है हवा

मैं शर्मिन्दा-सा उठता हूँ और वह मेरे चेहरे की शर्मिंदगी उखाड़ झंडे की तरह लिये भागता शामिल हो जाता है भीड़ में। मेरा रूमाल रख लिया उसने विजय-चिन्ह की तरह और मेरी भाषा को पोस्टर की तरह चिपका दिया चौराहे पर।

मैं भौंचक देखता हूँ
तो कहता है कोई
शर्म अब हार का प्रतीक है
खेल के नये नियम हैं यह अब हार चुके हो तुम
जाओ अपनी भाषा की शर्म सँभालो
वह जो सबसे पहले हुई शर्मिन्दा और अब हमारे लिए जिंगल लिखती है।

ग़ुबार बाक़ी है और मैं अकेला खड़ा शर्मिन्दा
अपनी शर्म से जूझता एक पुराने पेड़ से टिकता हूँ
उस ओर खेत हैं सूखे और उन पर धब्बे तमाम
मेरे पाँवों में पुराने जूते हैं धूल और थकान से भरे
प्यास एक तेज़ उठती है गले में काँटे-सा चुभता है कुछ
चलता हूँ थोड़ी दूर और एक कुआँ रोकता है राह
जगत पर कत्थई धब्बे रस्सियाँ उदास

एक कमज़ोर-सा हाथ बढ़ाता है डोल तो चुल्लू पसारता हूँ
प्यास से पहले चली आती है वह शर्म और चौंककर देखता हूँ चारों तरफ़
कहता है वह हाथ कमज़ोर—
मरना तो है ही बाबू पानी से या प्यास से
दोनों से बचे तो भी मरना ही है सल्फ़ास से
और मुस्कुराकर रख देता है कंधे पर हाथ

पीता हूँ पेट-भर पानी क़मीज़ की बाँह से पोंछता हूँ मुँह लेता हूँ सीना-भर साँस
और कहता हूँ—शर्म छोड़ दो तो कोई नहीं मार सकता हमें।

इन दिनों देश

दिशाएँ पिघलते बर्फ़-सी बेशक्ल गोजर की तरह असंख्य पैरों से रेंगतीं समय की पीठ पर कच्छप से खुरदुरे निशानों में समय को बींधते से कँटीले बाड़ बाँधती उस पार से इस पार तक रिस-रिसकर जा रही हैं क्वार की अनमनी धूप-सी कसमसा रही हैं। पश्चिम दिशा का सूर्य पूरब तक आते-आते डूब जाता है। उत्तर दिशा में चाँद का हँसिया काटता है सारी रात तम की फसल और हारकर फिर दक्षिण की नदी में डूब जाता है।

पूरब दिशा में जहाँ होता था एक तारा
एक खोह है रौशनी को लीलती
उषा का संगीत नहीं बिल्लियों के रोने का स्वर समवेत
एक स्त्री भूख के हथियार से लड़ रही हारा हुआ सा युद्ध
बन्दूक़ें सँभाले जंगलों में भटक रहे हैं सैकड़ों बेमंज़िल
हरे पेड़ों से टपक रहा ख़ून लगातार
रासलीला के ठीक बीच लास्य से तांडव में बदल गई है मुद्रा
विष्णु ठेका से दुई ठेका के बीच गोलियों की आवाज़ से भटक गई है ताल
पहाड़ों में छुप कहीं ग़म ग़लत कर रहा है चाँद
और फ़ौजी बूटों की उदास थापें गूँजती हैं कि जैसे शवयात्रा में निकली हों

शिव की भग्न मूर्ति एक जिसकी जटा में गंगा सूख गई है। खो गया है ललद्यद का पहचान पत्र और दिल्ली उसे लाल आरिफ़ा[1] कहती हुई पूछ

रही है वह रहस्य कि जिससे शेख़ नुरूद्दीन नन्द ऋषि हुए जाते हैं। एक चिनार सूख गया है अचानक अचानक एक झील का रंग बदल गया है। एक किताब अचानक जल गई है। जहाज़ों में बैठकर दिशाएँ जा रही हैं इधर से उधर। समय किसी हाउसबोट में शरणागत है। लाल चौक पर अभी-अभी उतरा है तेज़ नाख़ूनों वाला सफ़ेदपोश और बच्चे उस अजूबे को देखने उतर आए हैं गलियों में। आसार कर्फ़्यू के हैं और भीड़ बढ़ती जा रही है।

बर्फ़ीली आँधियों के बीच उत्तर दिशा से टूटते हैं रोज़ तारे
बह रहा लाल-लाल जल पंचनद में
गोलियों की आवाज़ रह-रहकर गूँजती चीत्कार आधी रात
अल्लसुबह अँधेरा घनघोर और
कसमसाया एक नारा होंठ तक आते-आते दम तोड़ देता है
माथे के बीचोबीच छेद गहरा एक नासिका पर आके रुक गया है ख़ून
उफ़! कैसी सुघड़ है नाक कोई फ़िदा हो जाए
और आँखें यों कि जैसे डल के बीचोबीच जलता हो दिया
मरने पर भी रह गई हैं खुली किसी के इन्तजार में
कौन—आज़ादी?
बेनाम क़ब्रों के बीच घूमते हैं सपने ख़ामोश
और फ़ौजी बूटों की उदास थापें गूँजती हैं कि जैसे शवयात्रा में निकली हों

किसी मन्दिर के गर्भगृह में सैकड़ों साल पुरानी मृत धातुओं का ख़ज़ाना गिन रहे हैं लोग कुछ। एक रजस्वला चली आई है वहाँ तक और उनकी अँगुलियों पर रक्त है अपवित्र जो वे उसे उसके खुले केशों पर पोत देना चाहते हैं। फ़र्श के नीचे धँसा ईश्वर मुसकुराता है और अरब सागर का जल अट्टहास करता चला जाता है इस छोर से उस छोर तक। चाँदी की कटोरी का ख़ून गढ़चिरौली के जंगलों में बह रहा है अबूझमांड तक फैली है गंध कसैली बड़े तालाब[2] में मछलियाँ मर रही हैं और मछेरे जाल

लिये हँस रहे न जाने किस ख़ुशी में। गांधी ज़ख़्म पर अपने नमक का लेप रखते नोआखाली से लौट आए हैं साबरमती के जले तट पर।

दक्षिण दिशा में टूटते रथ से आरुणि[3] की हाहाकार
आर्तनाद में डूबते सब
वृहति, उष्णिक, गायत्री, जगती, पंक्ति, त्रिष्टुप, अनुष्टुप[4]
अंधकार गहन आर्तनाद तीव्र और एक मौन जिसमें डूबती सातों दिशाएँ
टूटे क़लम से स्याही बिखरकर जम गई है फ़र्श पर
किताबें चीथड़ों-सी बिखर गई हैं गिद्ध मँडरा रहे हैं चाव से
उठता है समन्दर क्रुद्ध ज्वार में और फिर डूब जाता अपनी ही बोझिल धार में
पश्चिमी तट तक फैलता जाता है रक्तिम फेन
सत्य के मुख पर घाव गहरे कई बहता रक्त लिखता है सँभलकर
शहर के शहर नींद में बेहाल
और फ़ौजी बूटों की उदास थापें गूँजती हैं कि जैसे शवयात्रा में निकली हों

कबीर और दशरथ मांझी गाँव से दोनों बहिष्कृत आँख फाड़े देखते हैं चमचमाते पर्दों पर अपने जैसे चेहरे और फिर देखते हैं एक-दूसरे को और फिर उजड़ी बस्तियों की ओर देख फूट पड़ते हैं उदास-सी एक हँसी में। जयप्रकाश लखनऊ की सड़क पर लोहिया को ढूँढ़ते हैं खिसियाए से। मार्क्स मटियाबुर्ज़ में सर झुकाये सुन रहे हैं फ़रियाद ग़ालिब की। विचार भूलभुलैया में लुका-छिपी खेलते खो गए हैं। पार्कों में सर पटकती गोमती दादरी पहुँचने से पहले की जा चुकी है गिरफ़्तार। गोरखनाथ को यज्ञोपवीत डाल बुद्ध के साथ कर दिया गया है शहरबदर और राप्ती में हज़ारों शिशु-लाशें तैरती हैं कमलनाल से लिपटी हुईं।

कर्फ़्यू शहर में गाँव में हाहाकार
हृदय में शूल-सी गड़ती है कोई फाँस

वृद्ध गायें रो रही हों ज्यों कि वैसे रो रहे हैं हज़ारों स्वर
वधिक उन्मत्त हुए घूमते हैं
तबाह खेत-खलिहान बंजर गाँव के गाँव बर्बाद
गंदुमी गंगा का रंग हो गया है लाल
भूख के पेट से निकली है दुधारी तलवार
शरणार्थी कैम्पों में तिरंगा मुँह छिपाए रो रहा निःशब्द
एक शिशु गर्भ से बाहर निकलकर
मिचमिचाई आँख से देखता है चारों ओर
और फिर दूध-भरे स्तनों में डूब जाता है
एक हृदय सीता है ज़ख़्म एक और बार
हँसता है हारी हुई हँसी में रोता हो ज्यों
और फ़ौजी बूटों की उदास थापें गूँजती हैं जैसे कि शवयात्रा में निकली हों

गंगा लौट रही है गंगोत्री में सफ़र के लहूलुहान क़िस्से बटोरे नुकीले पत्थरों से टकराती बार-बार। छावनियों में मर रहे सैनिक अज्ञात से भय से किसी कि जैसे दम तोड़ते हों शब्द कंठ में ही। ख़ूब सारी रौशनी में पूरबिहा कोई भटक गया हो ज्यों कि ऐसे अख़बार एक पीला छिपता-छिपाता किसी दरवाज़े तक पहुँचता है भोर ही में और सारे शब्द कुंडी में फँसाकर लौट आता है।

रात की गोद में जलती चिता-सी चमकती राजधानी में
बजती मातमी धुन उत्सवी उत्साह से
स्वाँग रचते भाँड जन्तर-मन्तर पर
कसमसाई मुट्ठियों में डूबती है स्वेद की धार पिछली पंक्तियों में
राजघाट पर भेड़ियों की भीड़
उड़ते घायल कपोत
लुटियन की महफ़िलों में शराबी शोर
दौड़ते दिन-रात नीले अश्व कफ़न-सी सफ़ेदी रौंदते

राजपथ पर शान्ति एक श्मशानी
और फ़ौजी बूटों की उदास थापें गूँजती हैं जैसे शवयात्रा में निकली हों

यमुना के मूर्छित तटों पर नांदियाँ सारी थककर सो गई हैं। पहले ही मिसरे में बिखरकर शे'र एक सारी महफ़िल में उदासी बाँटकर मंच पर पसरा है कि जैसे क़त्ल के बाद कोई हँसते-हँसते दे गवाही। दिशाएँ आत्महत्या कर रही हैं विशाल क़ब्रगाह से झक सफ़ेद गुम्बदाकार भवन के बीचोबीच के अँधेरे कुएँ में समय बैठा कगार पर गिन रहा लाशें एक दिन डूब जाएगा।

---

1. ललद्यद को कश्मीर में हिन्दू लोग 'ललद्यद' और मुस्लिम 'लाल आरिफ़ा' के नाम से पुकारते हैं। आरिफ़ा का अभिप्राय रहस्यात्मक शक्तियों वाली से है। शेख़ नुरूद्दीन भी उसी परम्परा के हैं जिन्हें हिन्दू नन्द ऋषि के नाम से पुकारते हैं। जब चरारे-शरीफ़ स्थित उनका मज़ार तबाह हुआ था, तब देश-भर में चर्चा हुई थी।
2. भोपाल स्थित बड़ा तालाब
3. सूर्य का सारथि
4. सूर्य के सातों घोड़े

चन्द्रकांत देवताले

सुना आज उज्जैन में ख़ूब हुई बरसात
सुना तुम्हारा मन भी बरसा था बादल के साथ

मुझे नींद नहीं आ रही और बतियाना चाहता हूँ तुमसे
कि पता चले कहीं ख़ून ठंडा तो नहीं हो गया मेरा
सच कहूँ...कुछ लोगों की नींद हराम करने का बड़ा मन है!

पठार अब और तेज़ भभक उट्ठा है साथी
जो लोहा जुटा रहे थे उन्होंने किसी मूर्ति के लिए दान कर दिया है
तुमने जिस बच्ची को बिठा लिया था बस में अपनी गोद में
उसकी नीलामी की ख़बर है बाज़ार में

आग हर चीज़ में बताई गई थी और हड्डियों तक में न बची
देखते-देखते सिंहासनों पर जम गए भेड़िये
देखते-देखते मंचों पर हुए सियार सब सवार
अबकि तुम्हारी कॉफ़ी में मिला ही देंगे ज़हर
और तुम सावधान मत होना..प्लीज़

चलो घूमकर आते हैं
नुक्कड़ की वह गर्म चाय और प्याज-कचौड़ी चलो खिलाओ
वरना तो फिर सपने में ताई की डाँट पड़ेगी
बच्चों को भूखा भेजा? कब सुधरोगे?

चलो जुनूँ में बकते ही हैं कुछ
क्या करें?
कहाँ जाएँ?
मैं दिल्ली तुम उज्जैन
दोनों बेबस दोनों बेचैन!

प्रकाश दीक्षित

शहर ही था जो तुमसे बाहर नहीं गया
तुम तो कब के हो गए थे शहर से बाहर

देह में ताब नहीं, न मन में हुलास कि चलो देख आएँ दिल्ली एक बार
जहाँ तुम्हारे शिष्य याद करते रहते हैं तुम्हें जैसे कालेज के दिनों की प्रेमिकाओं को

लिखे हुए पन्नों के पीछे गोंजते रहते हो जाने क्या-क्या
एक इतिहास तुम्हारे चश्मे के शीशों में जमा वाष्प की तरह
एक वर्तमान जोड़ों के दर्द की तरह पिरा रहा है कब से
सूने ऐश ट्रे सा भविष्य जलती सिगरेट के मसले जाने की बाट जोहता

सम्मानों की गीली मिट्टी पर सँभल-सँभलकर चलते
अपमानों के अदृश्य ईश्वर पर हँसते कभी डरते
जैसे सूख गई वह नदी जिसमें नहाते बीते बचपन के दिन
जैसे छूट गईं वे आदतें जिनकी संगत में गुज़री जवानी
और वे दोस्त हर सपने में रही जिनकी हिस्सेदारी
सूखती वैसी ही उम्मीदों और छूटती वैसी ही समय की चारपहिया गाड़ी को
देखते अकेले दरवाज़े की ओट से
पीछे छूट गए देखते आगे निकल गयों के रंग
तुम मुझे भी तो देख रहे होगे?

लिखो न एक अंतिम नांदी इस अन्तहीन नाटक के लिए साथी
पार्श्व में गूँजता मन्दिर का घंटा उसकी शुरुआत का उद्घोष कर रहा है कब से।

लाल बहादुर वर्मा

ठीक इस वक़्त जब तुम्हारी साँसें किसी मशीन के रहम-ओ-करम पर हैं
मैं इतिहास के पेड़ से गिर पड़े पत्तों पर बैठा हूँ लाचार

वे इतिहास को एक मनोरंजक धारावाहिक में तब्दील कर रहे हैं साथी
और तुम्हारी आवाज़ जूझ रही है

तुम्हारा उत्तर-पूर्व अब तक घायल है
तुम्हारे इलाहाबाद में भी हो सकते हैं दंगे
तुम्हारा गोरखपुर अब हिटलरी प्रयोगशाला है
फ्रांस की ख़बर नहीं मुझे फ़लस्तीन के ज़ख़्म फिर से हरे हैं साथी

और तुम्हारे हाथों में अनगिनत तार लगे हैं
पहाड़ जैसा सीना तुम्हारा नहीं क़ाबू कर पा रहा है अपने भीतर बहते रक्त को
समन्दर की उठती लहरों जैसी तुम्हारी आवाज़ किसी मृतप्राय नदी-सी
ख़ामोश
बुझी हुई हैं ध्रुव तारे सी तुम्हारी आँखें
अनगिनत मरुथलों की यात्रा में नहीं थके जो पाँव गतिहीन हैं वे

हम अभिशप्त दिनों की पैदाइश थे
तुम सपनीले दिनों की
तुम्हारे पास क़िस्से भी हैं और सपने भी
और उन सपनीली राहों पर चलने का अदम्य साहस

कितने रास्तों से लौटे और कहा कि नहीं यह रास्ता नहीं जाता उस ओर
जिधर जाना था हमें

यह राह नहीं है तुम्हारी साथी
लौट आओ...हम एक नये रास्ते पर चलेंगे एक साथ।

कुछ न होता तो ख़ुदा होता उर्फ़ गनीमत है

(एक)

जिन सड़कों पर कोई नहीं चलता वे भी कहीं न कहीं जाती हैं
उन घरों में क़िस्से रहते हैं जो अब ख़ाली हैं

यह काग़ज़ एक हरा-भरा पेड़ था
उस पर चिड़ियाँ थीं जो
उन जैसी आवाज़ नहीं किसी शब्द में
उन पत्तों जितनी ख़ामोशी भी नहीं

आग भय से मुक्ति के लिए बनी थी
अब भय उसका प्रेमी है
पहला पत्थर रक्षा के लिए उठा था
आख़िरी आत्महत्या के लिए उठेगा

आदम से अधिक हव्वा ख़ुश थी स्वर्ग से मुक्ति पर
अब वह आदम से मुक्ति के रास्ते तलाश रही है

लोग बसने जाते हैं और विस्थापित हो जाते हैं।

(दो)

हर दिल्ली में एक इज़राइल है
हर आज़मगढ़ में एक गज़ा

इस घर को ग़ौर से देखो
यहाँ अशोक कुमार पाण्डेय पैदा हुआ था
अब इस खँडहर-सा ही है अशोक आज़मी
अब जब यह घर नहीं रहा आज़मगढ़ में
एक आज़मगढ़ मेरे भीतर है और मैं दिल्ली में हूँ

मैं कविता में शरण लेने नहीं आता
जितना बस की खिड़की से दिखे उतना गाँव भीतर हो भी तो क्या?
तुम एक शब्द लाओगे स्मृतियों के कोटर से
और कविता में सजाकर रख दोगे
वह एक फुलकारी सजाकर रख देगा कमरे में

गज़ा क़ब्रगाह में है
शुक्र है
आज़मगढ़ जेल में है

कवियो,
बख़्श देना आज़मगढ़ को
दिल्ली की बख़्शीश के बदले

गज़ा पर अभी-अभी एक बम गिरा है...

(तीन)

"आग हर चीज़ में बताई गई थी"[1]

पठार धधकते हैं सीने की आग से
बम की आग से रेगिस्तान बन जाते हैं

---

1. चन्द्रकान्त देवताले की काव्य-पंक्ति

सीने की आग संविधान के ख़िलाफ़ है कवि
चूल्हे की आग विकास के ख़िलाफ़ है
माचिस में आग नहीं तीलियाँ हैं बस
आग उन्हें रगड़ने वाले हाथों में थी कभी

तुम ग़लत साबित हुए कवि
और वे सही
किसी झूठे ने लिखा था
सत्यमेव जयते

कविताएँ सारी दिन के सपनों में लिखी गईं थीं
सारे सपने रतजगों की पैदाइश थे या सस्ती शराब के
जिन्होंने शराब बेची वही सपने भी बेचते रहे
हम ख़रीदार थे ख़रीदार रहे।

(चार)

पक्का कह सकते हो हव्वा ने ही खाया था वह फल?

यह भी तो हो सकता है उस दिन आग न रही हो चूल्हे में
और घर लौटने में हव्वा को देर हुई हो तो आदम ने ही खा लिया हो

तुम रोज़गार सुनते हो और आदम कहते हो
तुम खेती सुनते हो और आदम कहते हो
तुम्हें भूख सुनकर हव्वा की याद क्यों आती है?

ईश्वर ने आदम को निकाला था स्वर्ग से
हव्वा चिता पर जब चढ़ी तो ज़िन्दा थी।

(पाँच)

राजपथ पर कोई नहीं रहता
यहाँ कोई नहीं बसता

वह राजपथ पर चली तो नष्ट हुई
मेरी भाषा कि मेरे गाँव की झाँकी

सेल्यूट के लिए उठे हाथों में जो रह गई है मिट्टी
सेल्यूट लेते जूतों के पैरों में उतनी भी नहीं

इस रस्ते पर मत आओ कवि
यहाँ बिन पानी सब सून है...

उनका मरना लाज़िम था

(एक)

जहाँ श्रद्धांजलि लिखा होना था वहाँ शुभकामना लिखा था
माफ़ हुई यह ग़लती उदारताओं के हाथ

उदारताएँ
गाय जितनी दुधारू
गाय जितनी पवित्र
गाय जितनी निरीह

और बेमानी था मक़तूल का होना
शहर में अदीब जैसे धूल-भरी लाइब्रेरी में किताब
जैसे सुबह तक जलता रह गया दिया
आदमी की सोच जैसे जहाज़ में बम
न रहे तो बेहतर रहे तो बस कम-कम

वह चमचमाता हुआ वक़्त था चाक़ू के फाल की तरह
गोली की गति से भागता हुआ
शोर और सूचनाओं से भरा वक़्त
जिसमें खलल डालती आवाज़ों के लिए कोई जगह नहीं थी
होशमन्दों का वक़्त था जहाँ नशे में टूटती आवाज़ कुफ़्र थी
सीने से बहते लहू-सा बह रहा था वक़्त और मक़तूल रूई-सा राह में बज़िद

ज़िद की कोई जगह नहीं थी वजह नहीं थी
ज़िद की कोई सुनवाई कोई ज़िरह नहीं थी
ज़िद का तो ख़ामोश किया जाना लाज़िम था
सच बस वह था जो एलान-ए-हाकिम था।

(दो)

जब सबके हाथों में मोबाइल था
वे क़लम लिये गुज़रे बाज़ार से
यह ज़ुर्म नहीं इक़बाल-ए-ज़ुर्म था

इश्तेहार से सजी दीवारों पर
भूख लिखा बदलाव लिखा
ख़ुशबूदार राख में दबी किताबें पलटीं
हाकिम के दरबार में गए सर उठाये
और लौट आए पीठ दिखाते

बलात्कार की महफ़िल में प्यार किया
लहू खेलते लोगों के सूखे चेहरे पर
रंग शर्म का जाने कब से फेंक रहे थे

चुप्पी के सुरमई बसंत में
नीले हर्फ़ों में बोल रहे थे
चार सिम्त बाज़ारू पर्दे
धीमे-धीमे खोल रहे थे

जो जैसा था वैसा रखने को
उनका मरना लाज़िम था।

(तीन)

एक उदास इतिहास था उनकी क़ब्रगाहों में फूल-सा बिछा हुआ
बेचैन भविष्य धुएँ से बनती तसवीरों-सा क्षणभंगुर
और उनके बीच वर्तमान शोकग्रस्त भीड़-सा कसमसाता

वे हारे नहीं मारे गए थे
नायक नहीं थे वे पुत्र थे, पति थे, पिता थे जैसे हम होते हैं
जर्जर कायाओं के भीतर एक आज़ाद तबीयत और भय भी तमाम
चलते हुए थके भी वे कई बार रुके, गिरे सँभले और चलते रहे
मार दिए जाने के ठीक पहले तक

अनलहक़ कहा और मारे गए वे
कोपरनिकस के वंशज थे और मारे गए वे
चार्वाकों की राह चले और मारे गए वे
नहीं बना सके ज़िन्दगी को बनिए की दूकान और मारे गए वे
प्यार किया बेहिसाब और मारे गए वे

मरकर भी पर दीवाने कब मरते हैं?
मरने से पहले पर वे कितने जीवन छोड़ गए थे
रक्तबीज थे
सौ-सौ आँखों में अपने सपने बीज गए थे।

जिनको डरना था
वे सब कैसे सीना ताने खड़े हुए हैं
उसकी स्याही बिखर गई है यहाँ-वहाँ
धीमी आवाज़ें उसकी हर सू गूँज रही हैं
धर्म-ध्वजा के नीचे उनका लहू जमा है।

जात्रा

(एक)

उलटे साँप-सी सड़क पर चींटियों-सी रेंगती भीड़ में चलता कहाँ चला आया हूँ

रुकिए—एक पेड़ कहता है जिसकी पत्तियाँ लुट चुकी हैं
पीले फूल जिनमें न ख़ुशबू न छाँव कोई
देवताओं से बहिष्कृत, मनुष्यों के सर पर गिर रहे हैं
कितना कम हो गया पानी धरती पर.

रुकना चलने का व्यवधान है या व्यतिक्रम लौटना तो चलने का ही विस्तार है एक उदास

सूरज एकान्त की आग में जलता चला जाता है
कवि एकान्त ढूँढ़ता खिड़कियाँ बन्द करता है सारी
और फिर मोबाइल की स्क्रीन में खोजता है कविता
कोई अपनी ही तसवीर खींच देखता है मुग्ध
पेड़ अपना आख़िरी फूल गिरा चिड़ियों को सुनाता है क़िस्से
मैंने वह फूल तुम्हारे लिए रखा तो था जाने कहाँ गया...

जिस दरवाज़े पर लिखा है मनुष्य डरें कुत्तों से वहाँ एक बच्चा खड़ा है भीतर चली गई गेंद के बारे में सोचता

सुनिए—रुकता नहीं कहता चला जाता है कोई
चलता हूँ और आवाज़ चलती है आगे-आगे
तुमने कहा था करना प्रतीक्षा रुकना था मुझे
पर यह आवाज़...चलता चला जाता हूँ और तेज़
मोज़े पसीने से भीगे हैं क़मीज़ चिपकती जाती है देह से
गले में काँटे उग रहे हैं कान सुन्न होते जाते आवाज़ों से
एकान्त की आग है यह!

देह जलती है आत्मा को देखा ही किसने है आवाज़ है एक जो जलती नहीं चलती जाती है लगातार

यहाँ कुछ नहीं हाशिये पर जो शून्य दिखता है वह भी नहीं
गुज़रा हुआ जीवन है एक बेमानी भविष्य की कहाँ होती है कोई शक्ल
और जो है अधर में लटका उसके गिरने की प्रतीक्षा में चाँद-सूरज सब
रुकता हूँ वहाँ जहाँ आधे कपड़ोंवाला एक बूढ़ा मरने के बाद सफ़ेद संगमरमर बन गया
उफ़ दाहिने हाशिये की ओर बढ़ता जाता हूँ
उस ओर जिधर एक दलदल है
गहरा दलदल
शान्ति

शान्तियाँ श्मशानों के कितने क़रीब होती हैं मन्दिर टूटे मस्जिद टूटी अब श्मशानों की बारी है?

(दो)

पानी बहुत कम बचा है धरती पर आसमान थक गया रो-रो के समन्दर पी गईं मछलियाँ

चिड़ियों की सामूहिक आत्महत्या पर बहाने के लिए दो बूँद आँसू भी नहीं बचे
सड़क सूखी पतझड़ में गिरी पत्तियों से लिपट रोती लगातार अश्रुहीन
आहिस्ता रखता हूँ पाँव सँभल-सँभलकर
काँटे चूमते हैं पत्तियाँ धन्यवाद की मुद्रा में देखती हैं लाचार
क़दमों के निशान दरअसल ख़ून के निशान हैं जो बचा नहीं अब आँसुओं की तरह
आगे का रास्ता तुम्हें ख़ुद ही तय करना है...

रास्ते पहाड़ से फिसल गए पत्थर हैं मंज़िलें स्वर्ग से बहिष्कृत आदम सपने हव्वा हैं निरुपाय

इकलौती खुली खिड़की से बढ़ता है एक हाथ जिसमें ख़ाली बर्तन है
उसमें भरती है धूप और धूल मैं उँगलियों से एक चित्र बना देता हूँ उस पर
बन्द होती है खिड़की तो उसमें से एक सूराख़ झाँकता है
मुझे भीतर जाना था शायद मैं दूर निकल आया हूँ लेकिन
यहाँ दीवार पर लिखे हैं सारे पवित्र शब्द
जहाँ एक बच्चा खड़िया से विकेट बना रहा है
और एक औरत गोबर लिये बैठी है कि ख़त्म हो खेल तो थापे चिपरी
उसने आग के बारे में पूछा है मुझसे
पानी ख़त्म हुआ है और तुम्हें आग की चिंता है?
सब्र करो बाबू कहा उसने तो सुना क़ब्र में रहो बाबू

क़ब्रों को आग नहीं पानी की ज़रूरत है और मुझे आग की ज़रूरत पानी तक पहुँचने के लिए।

(तीन)

उदास क्यों हो देखो सब तो हँस रहे हैं मत चलो इतना थक जाओगे कुछ पी ही लो कम-से-कम

उसी वक़्त समाचार देखते कह रहा था कोई
है तो इतना पानी वाटर पार्क में आएगी होली तो देखना रंग भी होंगे
उसी वक़्त पढ़ रहा था अख़बार कोई ट्रेन का सफ़र कर रहा है पानी
चलती कार से उछाली किसी ने बोतल तो तेज़ संगीत गूँजा उसी वक़्त
तीन बच्चे लपक पड़े हैं बोतल पर जिसमें पानी नहीं है
प्लास्टिक के खोखे पर जिसमें ज़रा सा नमक है
पानी बिना मर गया जो उसकी लाश भीग रही थी बर्फ़ में उसी वक़्त
साँप सीधा हो रहा है धीरे-धीरे
सूरज थक गया चीख़ते-चीख़ते कौन आता उसके पास?
आसमान में उदासी की कालिख छाई तो लोग निकल पड़े हैं बाहर

पहाड़ पर बर्फ़ बेचकर लौटते लोगों की बोतलों में पानी नहीं शराब है और उँगलियों में आग।

कोशिश

(एक)

तुमसे नहीं होगा
सिर्फ़ इसलिए तो छोड़ नहीं दोगे तुम वह काम
मसलन एक कविता लिखने की कोशिश

आख़िरी पत्ते उतार चुका है पेड़
और वसंत लुटे हुए बजाज की तरह शर्मिन्दा खड़ा है दरवाज़े पर

बहुत तेज़ धूप में बहुत तेज़ चलते हुए
ज़रूरी नहीं कि किसी छाया की तलाश में चल रहा हो वह

क्या फ़र्क़ पड़ता है कि वह लय में नहीं रो रहा था
आँसू का कोई तुक उम्मीद से मिलता है क्या?

उसके जीतने की फ़िक्र में हलकान नहीं हूँ मैं
मेरा दुःख तुम्हारी उस हार से है जिसने युद्ध की घोषणा का इन्तज़ार भी नहीं किया।

(दो)

उम्मीद किसी फलदार वृक्ष की ओर उछले पत्थर का नाम तो नहीं

तुम्हें उससे उम्मीद थी इसलिए तुम नज़रंदाज़ करते आए जाने क्या-क्या
प्रेम करते हुए जैसे घोंट जाता है कोई उबासियों को

मैं ख़्वाब में था दिन चढ़े तक और रात चादर की तरह लिपटती गई मुझसे
अजीब वक़्त था जब उम्मीदों के लिए रात की निगहबानी ज़रूरी हो चली थी

यह "थी" लिखते हुए मैं चाहता हूँ तुम "है" पढ़ो
उम्मीद और किसे कहते हैं?

(तीन)

प्रेम ख़त्म नहीं होता
जैसे गिनतियाँ ख़त्म नहीं होतीं

वह तुम्हारी प्रतीक्षा कर रही है यह भ्रम तुम्हें भटकाता है
जबकि सच में प्रतीक्षा कर रही होती है वह और तुम किसी यात्रा पर होते हो

सौन्दर्य ख़त्म हो जाता है एक दिन पहाड़े की तरह
और स्मृति में रह जाती है उसकी लय
तुम अपनी स्मृतियों से प्रेम करते हो और उस लय से

तुम जिस क्षण 'नहीं' कहकर लौट आते हो
गढ़ पाकर सिंह को खोये हुए राजा की तरह कलपते हो

'हाँ' एक मुश्किल शब्द है 'नहीं' उसका विलोम नहीं है
कोई लिखित शब्द नहीं एक अनचाहा स्वप्न है उसका पर्यायवाची

मेरे शब्दकोष में तमाम ख़ाली पन्ने हैं
मेरी कविताएँ उन्हीं शब्दों का उदास थेसारस हैं...

उम्मीद

सुरंग में
गहराते जाने वाले अँधेरे के मुहाने पर
रेडियो के खखारते स्टेटिक से घिरी
लौट चलने की बिसरी हुई क्षीण आवाज़ के अवशेषों से बेपरवाह
जग गई है उम्मीद

उम्मीद, जैसे चमगादड़ी उड़ान के शोर से ख़ामोशियों के टूटने का भरोसा

उम्मीद, मानो लैंडस्लाइड से पथराई ख़ामोश सड़क पर किसी कुहरायी शाम
खाई के किनारे किलकारी मारती, दौड़ती बच्ची
और हाँफती-समझाती माँ

उम्मीद, जैसे लालबत्ती पर खड़ी गाड़ी के शीशे पर भिखारिन की थपकी

उम्मीद, जैसे गाँव की झोली में आ गिरी सेलोफेन सुसज्जित नागरिकता

उम्मीद, मानो जलती गाहों के इर्द-गिर्द बाल्टी लिये भागता एक बूढ़ा

उम्मीद, मानो एक और बूढ़ा दुत्कार दिया गया और जारी उसकी फीकी समझाइशें

उम्मीद, जैसे डूबते को काँटे का सहारा

उम्मीद, जैसे बरसों पुरानी धूल-धूसरित किताब के पथराए शब्दों पर आँसू
का धब्बा

उम्मीद, कि फिर मिल जाएगी ख़ुद को 'मालिक' संबोधन से नवाज़ने वाली
कैशलेस चाय की टपरी

उम्मीद
मानो शीत की रात गर्म रजाई में घुसकर
दुर्बल-सी चिकोटी काटती एक बेचैन कविता
कमबख़्त ये रजाई है या सुरंग
वे कहते हैं बाहर उम्मीद है और उम्मीद से जीवन

जैसा होता है...

आँसुओं की खारी झील-सी
यह कथा स्त्री के प्रेम की है
तैरती हैं जिसमें हमारी सारी प्रेम-कथाएँ सूखे पत्तों की तरह

जैसा होता है वैसा ही था सब
एक राजकुमार प्रेम में डूबा हुआ
और झील के किनारे सपने देखती हुई एक स्त्री
वे मिले तो हिलोरें लेने लगा झील का पानी

महलों से चला आता था वह रात-बिरात
दोनों तारों पर पाँव रखते जाते थे चाँद तक
जहाँ एक बूढ़ी औरत ख़ूब दूध वाली चाय के साथ उनकी प्रतीक्षा करती थी
वे अपने साथ लिये जाते थे अधूरे लिखे पन्ने
माँग लेते थे क़लम बूढ़ी औरत से लिखते थे साझा सपने

और जैसा होता है वैसा ही हुआ फिर
अचानक पाँवों के नीचे से खींच लिये गए तारे
ठंडी होती रही ख़ूब दूध वाली चाय
चाँद थोड़ा और अकेला हो गया
धरती थोड़ी और सख़्त
हवा थोड़ी और भारी

शापित हुआ राजकुमार
दृष्टि छीन ली गई उससे

छीन ली गईं स्मृतियाँ
छीन लिया गया जीवनदायी स्पर्श भी
कह दिया गया यह—
न देख सकोगे न करोगे याद
और स्पर्श मृत्यु का कारण होगा
फिर भी
पहचान लोगे यदि उसे
होगे शापमुक्त!

और इस तरह शापित हुई वह स्त्री
जिसे अन्तहीन प्रतीक्षा का दंड मिला।

जैसे बीतते हैं बीतने लगे दिन
चलती रही दुनिया हस्बे-मामूल
उगता रहा सूरज समन्दर में डूबने के लिए
खिलता रहा चाँद तारे बनते रहे सीढ़ियाँ प्रेमियों की
भटकता रहा वह स्मृतिहीन राजकुमार
वह स्त्री भटकती रही एक जानी-पहचानी प्रतीक्षा में
झील होती गई और गहरी।

और जैसा होता है वैसा ही हुआ फिर—
मिला फिर वह एक दिन जैसे हर कथा में मिलना तय होता है
असम्भव की तरह
दौड़कर लिपट जाना चाहती थी वह
लेकिन शाप!
उसने पुकारा नाम बेकल
न पहचान सका राजकुमार बस चौंका और चला गया
पलकें बिछा दीं स्त्री ने उसी राह
अगले दिन जब गुज़रा वह तो हँसी खिलखिलाकर स्त्री
हँसती थी जैसे चाँद पर—तुम्हें नहीं आता चाय भी पीना

कहती हुई प्याले के छलकने पर
इस बार चौंका भी नहीं राजकुमार उस हँसी से और चला गया
वह घिसटती चली उसके संग—क़िस्से सुनाए चाँद के,
चाय का स्वाद याद दिलाया
बिखरा दिए वे पन्ने अधूरे और साझा

और जैसा होता है
हारकर रो पड़ी वह
निराशा में डूबा एक विलाप शब्दहीन
जिससे चौंका राजकुमार बुलाया उस नाम से जो दिया था अपनी प्रिया को
रौशनी लौट आई आँखों में, स्पर्श का विष ख़त्म हुआ
ख़त्म हुई विस्मृति
धरती से हरियाली फूटी
बसने लगे नीड़
अँखुआए बीज हुलसकर
नदियाँ मचलकर बहने लगीं
हवा थोड़ा और महकी

और रोते हुए पसार दिया अपना आँचल स्त्री के लिए खारी झील ने
पुचकारते कहा मेरी बच्ची
जैसा होता है, हुआ है सब फिर वैसा ही!

यह समर्पण ध्वनि है तूर्य की सी बजती हुई

(शुक्लाष्टमी)*

रात का वक़्त नहीं है यह
बहुत मुमकिन है कि जो देख रहा हूँ वह स्वप्न हो कोई दुस्वप्न-सा
पर वक़्त नहीं है रात का

देखो
साफ़ दिख रहा है आसमान में सूरज
जैसे किसी लाश की खुली रह गई आँख
आसमान वीभत्स और विवस्त्र कि जैसे किसी ने झटके से खींच दिया हो चाल
का परदा फटे टाट वाला
और उसमें मुचमुचाया सूर्य जैसे भौंचक ताकता कोई बूढ़ा अपाहिज
बादलों के मटमैले टुकड़े कि जैसे उसके वस्त्र हों चीकट
हवा की साँय-साँय जैसे अर्धनग्न बच्चियों की चीत्कार, भाग-दौड़

वक़्त नहीं है रात का यह
अँधेरों पर नहीं थोप सकते अपने अन्धत्व का दोष हम।

नीमउजाला भी नहीं चमकती रौशनी में चला आ रहा है राजा का रथ
काले अरबी घोड़ों से जुता लहू के कीचड़ में दौड़ता चीरता धरती का सीना
रोज़ नये ज़ख़्म बनाता गूँजता है स्वर विजयी तूर्य का भयावह ध्वजा
पर देवता सवार सारे पुरोहितों के मंत्रोच्चार से भयभीत पक्षियों की

* परम्परा के अश्वमेध यज्ञ का आरम्भ शुक्लाष्टमी को ही होता है।

चीत्कार से भर गया है आकाश तांत्रिक शहरों के बीचोबीच पढ़ रहे उच्चाटन कर रहे हवन

ॐ लोकतंत्राय स्वाहा
ॐ मनुष्यताय स्वाहा
ॐ सत्याय स्वाहा
ॐ प्रकाशाय स्वाहा
ॐ एम हवीं क्लीं स्वप्नाय नमः स्वाहा

कर रहे समिधा में समर्पित जीव-अजीव-सजीव-निर्जीव उठ रही अग्नि,
धुएँ से भरी दसों दिशाएँ, चीत्कार से भरी, भरी आर्तनाद से हाहाकार से
जयकार से विलाप से परिहास से अट्टहास से!

वर्तमान, भूत और भविष्य के स्वप्न
रौंदते हुए सब
अश्व हैं कि भागते ही चले जाते हैं

(दो)

राजा के पीछे खड़ी
चतुरंगिणी फ़ौज बड़ी
तोप और बन्दूक़ लिये
भरे हुए सन्दूक़ लिये
टीवी के चैनल हैं
दफ़्तर अख़बार के
झुक-झुक के गाते हैं
गीत सब दरबार के

राजा के पाँव को
राजा की छाँव को

राजा के नाम को
मुख को मुखौटे को
कुत्ते-बिलौटे को
चूमते-चाटते
रेंगते केंचुए-सा
फुँफकारते नाग से
भेड़िये-से काटते

पीछे-पीछे भागते हैं हाथ में क़लम लिये
भाषा के कारीगर जादू बिखेरते
कला-कला गा-गा के सिक्के बटोरते
नोच-नोच फेंकते हैं चेहरे पर के चेहरे
आँसू बहाते हैं, रोते हैं, गाते हैं, चीख़ते-चिल्लाते हैं

कोट काला टाँगकर
आला लहराते हुए
प्रेस क्लब का नया पुराना
बिल्ला चमकाते हुए
कविता सुनाते हुए
कहानी बनाते हुए
एकेडमी से कॉलेज से
पार्टी मुख्यालय से
मल-मल के आँख जागे सब
दिन के उजाले में
भागे सब भागे सब

जय श्रीराम, हनुमान जय
जय-जय भवानी
जय अक्षरधाम जय
हम भी हैं हम भी है हैं हम ही हैं...हम

बम बम बम बोल बम
एक नज़र देखो तो
राजाजी नहीं अगर सारथि जी देखो तो
देखो न कर दो न हम पर भी ये करम
जय-जय अमेरिका सीआईए की जय-जय
वर्ण की व्यवस्था जय आप ही की सत्ता जय

कोई नहीं सुनता कोई कान भी देता नहीं
सड़क किनारे खड़ा जन ध्यान भी देता नहीं

देखते-ही-देखते क्या हुआ ग़ज़ब हुआ
क़लम लिये-लिये जोंक बन गए सारे
जाकर चिपक गए अश्वों की पीठ से पूँछ से पैर से लिंग से अंड से
कुछ जो चतुर थे जा चिपके राजदंड से

और अश्व हैं कि भागते ही जाते हैं

(तीन)

ये कौन-सी औरतें हैं अर्धनग्न खड़ीं राह में?

कौन ये वनवासिनें जिनके हाथ में जयमाल नहीं पुष्पगुच्छ नहीं
जिनकी आँखों में भय नहीं क्रोध है सन्ताप है
चीत्कार-सी लगती है जिनके विलाप की ध्वनि
फटी बिवाई वाले पैरों वाली यह कैसी औरतें खड़ी हैं राह में
कैसी शक्लें कुरूप कैसा स्वर रुक्ष!

इन्हें दूर करो चीख़ता है सारथी और अश्व चींथते चले जाते हैं उनका अस्तित्व
रौंदते हुए उनका क्रोध उनकी चीत्कार उनका विलाप

यह धरती पर बिछे पलाश के फूल नहीं हैं
उन आवाज़ों का रक्त है
उन विलापों का रक्त
सन्तापों का रक्त
भागते हैं अश्व तीर से चुभते हुए जंगल के सीने में
चीख़ते हैं मोर, मणि, वनदेवी स्वर में समवेत
कहता है सारथी उन्मत्त-से स्वर में
'यह समर्पण ध्वनि है—तूर्य की सी बुझती हुई'

विजय मद में मदमस्त राजा
चीख़ता है, गाता है, अपने ही गले को बाजे-सा बजाता है
बाँस की फुनगियों को नोचता है
खखोर डालता है धरती का गर्भ अतिथियों को बाँटता है
पदवियाँ समेटता है भाल पर सजाये हुए तिलक रक्ताभ अपनी धुन में गाता है
और अश्व हैं कि भागते ही चले जाते हैं...

वहाँ जहाँ पहियों के निशान छूट गए हैं विजय-चिन्ह की तरह
वहीं पाँव के निशान कुछ उभरते हैं,
वहाँ जहाँ बज गई है विजय-ध्वनि
कुछ पुरानी आवाज़ें ठिठकी हुई हैं वहाँ
वहीं जहाँ धरती के
गर्भ में घाव है हो रही है हलचल कुछ
गीत कुछ विचित्र धुनों में बज रहे हैं
घायल से सैनिक क़तारों में सज रहे हैं

औरतें वे फिर से उठकर खड़ी हुईं
और उनके हाथ में फूल नहीं बन्दूक़ है
लाशों के बीच रखतीं सँभल-सँभल के क़दम
थर-थर-थर काँपती नसों में संकल्प प्रतिघात का
संकल्प एक युद्ध का नई शुरुआत का

भय का निशान नहीं
चेहरे की चोटों में ग़ुस्सा अकूत है
गाँवों में, खेतों में, बंजर मैदानों में
भूख से भरे हुए दक्खिन टोले, सहरानों में

दृश्य में..

स्वरहीन कंठ हैं रुँधे हुए, नीली-नीली लाशें, कीचड़-भरी आँखों से देखते हैं वृद्ध जन भागते हैं पीछे-पीछे, भागती हैं औरतें, भागते हैं बच्चे, जानवर भागते हैं, खेतों की मेढ़ों पर, भूतिया से डेरों पर, सूखे हुए कूपों में, ख़ाली बखारों में, मन्दिर के ओटले पर, मस्जिद में, गिरजे में और गुरुद्वारों में, ऊँघते बेकारों में मची हाहाकार है..

दृश्य में...

राजा के रथ, अश्व, तूर्य, ध्वजा
भव्य सैन्य दल अस्त्र-शस्त्र से सजा
नेपथ्य में अन्धकार घोर है
शान्ति नहीं, संगीत नहीं, सम्भावना है
शोर है!

कोई नहीं देख पाता कि घोड़े के पाँव में गहरा एक घाव है
रुधिर जो जंगल की धरती पर पसरा पलाश-सा
कुछ बूँदें गिरकर उसमें मिलती जाती हैं
नि:शब्द
टापों के बीच टप-टप-टप
और अश्व हैं कि भागते ही जाते हैं...

(तीसरा सुत्या दिवस)*

राजधानी की सुसज्जित यज्ञशाला
हवन कुंड है धधकता
हविष्य घृत धूप चन्दन
मंत्रजाप तीव्र, ध्वजा है फहरती
सातों दिशाओं से झुकाए सर खड़े नृप अधिपति कुलाधिपति
इतिहास कन्धे झुकाए विज्ञान के संग धो रहा बरतन
बुहारता है राह गीले चश्मे से झाँकता वह कृशकाय वृद्ध
सीने में गोलियों को पुष्पमाल-सा सजाये
हँस रहा है गोडसे
तेज़ होते जा रहे हैं अट्टहास
एक बच्चा नींद से उठ रो पड़ा है
डर के शोर से

सोमरस की गंध तीखी

तेज़ मंत्रोच्चार
पारिप्लव समाप्त सारे, दीक्षाएँ समाप्त, समाप्त उपसद
उपांग याग** की प्रतीक्षा में झूमते हैं विप्रवृन्द
बलिगृह से उठ रहीं चीख़ें निरन्तर
मंत्रों में डूबते चीत्कार के करुण स्वर
और उधर वस्त्रावरण में
नग्न महिषी पुरोहित नग्न अश्व घायल
वावाता*** को गोद में बिठाए राजा उन्मत्त
घायल है अश्व, महिषी घायल पुरोहित कामातुर पढ़ता है मंत्र करता केलि

---

* सुत्या सोमरस बनाने की विधि को कहते हैं, अश्व के लौटने के बाद तीन दिनों तक चलनेवाले समारोह को सुत्या दिवस कहते हैं।

** दान-दक्षिणा से अर्थ है

*** राजा की प्रिय उपपत्नी

अश्व के पाँवों से रुधिर महिषी की आत्मा से बह रहा है रक्त
पुरोहित उन्मत्त
राजा उन्मत्त
बह रहा है रक्त
पर्वत शिखर से रक्त
महासागरों से रक्त

जंगलों से रक्त
पुरोहित उन्मत्त
राजा उन्मत्त

और फिर उठता है खड्ग अंतिम बलिष्ठ
गूँजती जयकार धड़ से अलग सर
लड़खड़ाते पाँव श्लथ रुधिर के भँवर में डूबते हैं
अश्रु स्वेद रक्त सब धरा को चूमते हैं
चौंककर देखता है उसे राजा और फिर मुँह फेर लेता है
जंगली नदी-सी रुधिर की एक धार आती है
और धर्म की ध्वजा और और फहराती है

उठता हूँ नींद से जाने कि जागरण से
पसीना है कि ख़ून है जाने
अँधेरा इतना कि आँख को कोई रंग नहीं सूझता!

तुम

सात

रोज़ सात बार डूबता हूँ तुम्हारे प्रेम में
उतराने की कोशिश किसी आदत-सी होती है
डूबने की परिणति भी वैसी ही आदत-सी

सात समन्दरों से प्रेम में डूबता हूँ रोज़
सात पर्वतों से गुज़र आता हूँ रोज़
सात पन्ने रोज़ जुड़ जाते हैं
ज़िंदगी की सात पन्नों वाली किताब में

सात शब्द लिखता हूँ रोज़
दुहराता हूँ उन्हें सात बार

बर्फ़ से उठते धुएँ-सी सात तसवीरें बनती हैं रोज़
पिघलते बर्फ़-सी सात बूँदें
माथे की सात सलवटों के बीच बिखर जाती हैं

सात घड़ी का साथ मिलता है रोज़
सात युग की यात्रा के लिए काफ़ी है इतना
मिलती है सात साँसों की ऊष्मा
सात सपनों के लिए काफ़ी हैं

काफ़ी हैं सात सपने
सात नींद में सो जाने को

सातवें महीने की पैदाइश-सा है अपना प्यार
जी गया है अभिशापों के पार सात जनम...

जहाँ नहीं हो तुम

वहाँ साँवली शाम के आँगन में दिया है एक अकेला
मैं उसके गिर्द एक चौरा बनाता हूँ शब्दों का

उमगती सुबह दरवाज़े से निकल पड़ा पाँव है एक अकेला
भय के आगे-आगे चलता किसी भीड़-भरी बस में सवार
उसकी आँखों में आँजता हूँ सलेटी काजल
थके पाँवों पर सपनों का महावर लगाता हूँ
हवा में उठे हाथ थामता हूँ इस तरह कि गति में न आए कोई व्यवधान
लौटते हुए छोटी कर देता हूँ राह
बिखरी चीज़ों के बीच मेज़ पर एक कविता छोड़ चला आता हूँ चुपचाप

लौटता हूँ धूल-भरी सड़कों पर
नारों की तेज़ आवाज़ों के बीच चुपके से रखता हूँ एक आवाज़
तनी मुट्ठियों में शामिल कर दी है एक मुट्ठी
एक कप चाय अधिक मँगाई है इस दोपहर
एक और सायकल है साथ चलती
उसके घूमते पहियों में धरती घूम रही है जैसे
धरती के सीने पर सर रख सो गया हूँ अल्लसुबह
तो सपनों के अँधेरे में एक अल्हड़ रौशनी झिलमिलाती है

इस तरह
जहाँ नहीं हो तुम
वहाँ लिखता हूँ तुम्हारा नाम
स्मृतियों की चादर पर
पच्चीकारी-से लगते हैं रफ़ू के निशान

इस तरह गिरती हैं बूँदें

यूकेलिप्टस के उदास पेड़ पर गिर रही हैं बूँदें
बदशक्ल पत्तों को धुलती-जैसे घाव धुल रहा हो कोई

पत्थरों पर गिर रही है धारासार
जैसे महानगर में भटकते पूरबिहा जन

गिर रही हैं यमुना की घायल देह पर
जैसे उजाड़ मायके में लौटी बेटी भौंचक

क़िले की दीवारों पर गिर रही है
जैसे आँसू गिरता हो लाश पर निःशब्द

ज़रा-सी बच गई घास पर गिरती हैं
जैसे शर्म पर चुल्लू-भर पानी

और
इस अचानक सूनसान हो गई सड़क पर चलते
मुझ पर गिरती हैं बूँदें तुम्हारी प्रतीक्षा की तरह...

जहाँ लौटना है

बूँदें स्मृतियों के ढेर पर पड़ती हैं धारासार
खिड़कियों पर खड़ा भीगने के स्वप्न देखता हूँ
दूर किसी पेड़ की छाया हो गई है और गहरी
अकेला एक कुत्ता भीगता है आधा थककर बैठ गया है शायद
दो टके की नौकरी बुलाती है लौट आता हूँ

अँगुलियाँ की-बोर्ड पर दौड़ती हैं जैसे डीटीसी की बस बदहवास
फ़ाइलें कूड़े के ढेर-सी जमती जाती हैं हटाता हूँ रोज़ और बढ़ती जाती है दुर्गन्ध
सहमकर सूँघता हूँ हाथ ढेर सारी सुगंध छिड़कता हूँ और बू जस की तस
एक पुराना पंखा घूमता है सर पर उसके गिर पड़ने की प्रायिकता निकालता
परेशान हूँ
कैलेंडर में मुस्कुराता है एक दढ़ियल चेहरा
गालों पर अँगुलियाँ फिराता टिक गया हूँ कुर्सी से
पानी का गिलास रंग बदल रहा है धीरे-धीरे

घड़ी की सुइयाँ नींद में चल रही हों ज्यों
दढ़ियल चेहरे की मुस्कान बढ़ती जाती है

भागकर जाता हूँ खिड़की के पास
पूरी तरह भीगकर कुत्ते ने झटकी है देह
अँगड़ाई के प्रयास में मरोड़ता हूँ ख़ुद को और एक चेहरा गिरता हुआ
देखता हूँ खिड़की से

कोई कहता है—शाम हो रही है
और सीने के सफ़ेद होते बालों को नोचता हूँ मद्धम
किसी ने काट दी है कैलेंडर में एक तारीख़
किसी ने गहरे हरे काग़ज़ पर खींची है कोई आड़ी रेखा
कैलकुलेटर पर देर तक उलझे रहने के बाद कोई कर रहा है अँगुलियों पर हिसाब
किसी ने अँगुलियाँ चटकाई हैं तो चौंककर बाँधे मैंने तस्मे

लौटने का वक़्त है यह
और सारे पते खो गये हैं
ढूँढ़ता हूँ मोबाइल में जाने क्या बदहवास
एक पागलपन भागती गाड़ियाँ, भागते लोग, पैर रखने की भी जगह
नहीं सड़क पर
सबको मालूम हैं लौटने के पते?

चलता हूँ तेज़ एक आवाज़ का पीछा करते
खो जाती है वह बीच राह में चौंककर देखता हूँ बत्ती लाल है रुका हुआ सब
साँसें चल रही हैं बदस्तूर सड़क पर बारिश का कोई निशाँ नहीं मिलता

तुमने बताया था एक पता वह मेरा नहीं था
तुमने बताई थी लौटने की जगह जहाँ कोई राह नहीं जाती थी
तुमने एक नाम बताया था जिसे पुकारने पर नहीं देखता कोई पलटकर
एक आश्वासन दिया था तुमने बारिशों में गल गए उसके अक्षर

चलता हूँ फिर हरी बत्ती के साथ-साथ
कि बस धक्का दिया है किसी ने और चल पड़ा हूँ
या सड़क ही चल रही है और मैं होता जा रहा हूँ ख़ुद से दूर

जहाँ आकर रुक गया हूँ वहाँ कोई बत्ती नहीं
एक ताला है जिसकी दूसरी चाभी तुम्हारे पास है पहली भी...

एक शाम

(एक)

रौशनी शराब में पड़ी बर्फ़-सी पिघल रही है
जुलाई की उमस-भरी गीली सुबह-सी उदास तुम्हारी आँखों में
पिघल रहा है कोई अक्स
डॉली की पेंटिंग से रंग सोख लिये हों किसी ने जैसे

उदासी की बेंच पर बैठे हैं मैं और तुम
कुछ सवाल बीच में टँगे चमगादड़-से
कुछ जवाब पैरों के क़रीब काई-से जमे
अचानक कहा तुमने—कोई अच्छी-सी कविता है तुम्हारे पास?
और मैंने टूटती-सी आवाज़ में पुकारा तुम्हारा नाम...

(दो)

कहीं दूर से आती बस पर चमका कोई नाम
तुम्हारी आँखों में चमका एक शब्द–पहाड़

दूर क्षितिज के थोड़ा पहले बादलों ने करवटें बदलीं
मैंने देखा तुम्हारी आँखों में उमड़ता पहाड़

हम चले जब तक साँसें उखड़ने न लगीं
पसीना चप्पलों और पैरों के बीच ख़ून-सा रिसता रहा और हम चले

हम चले जब तक दृश्यों ने धुँधला न कर लिया ख़ुद को
फिर आया वह मोड़ जहाँ से बदलनी थी हमें राह

पहाड़-सा हो गया दस क़दम का वह सफ़र

(तीन)

तुमने कहा—थोड़ा-सा एकान्त दे दो मुझे अपना
मैंने अपनी कविताओं के अन्तराल दे दिये तुम्हें

(चार)

तुम्हारे स्वप्नों में बीहड़ अँधेरे थे, कन्दराएँ, क्षत-विक्षत आत्माएँ
मेरे स्वप्नों में एक मुकम्मल चेहरा था उदास

तुम्हारे स्वप्नों में एक अधूरा स्वप्न था बरसों पुराना
मेरे स्वप्नों में एक थका हुआ पूरापन

तुम्हारे स्वप्नों में सड़क के बीचोबीच आ गया एक नंगापन था
मेरे स्वप्नों में ढेरों कपड़ों में घुटती हुई साँसें

हमने देखा एक-दूसरे के सपनों में जाकर
अँधेरा बस होने वाला था और लौटना था हमें

(पाँच)

क्यों उदास हो तुम?
मैंने पूछा और फिर दोनों चुप रहे उदास होने तक

(छह)

जाते हुए चूमना था तुम्हें
मैंने पत्थर की बेंच को चूमा

देखना था तुम्हें ओझल होने तक
देखा आसमान में डूबती को

कहने थे कुछ शब्द
गिना अँगुलियों पर अगली मुलाक़ात का अन्तराल

तुम्हें मुस्कुराना था
आँखों में आ गया तिनका निकालते उठ गईं तुम यकायक।

लम्हे ख़त्म नहीं होते पानी की बूँदों की तरह मिलकर बड़े हो जाते हैं

धूल-भरी हवा उठती है तुम्हारे क़दमों के एकदम क़रीब से
एक समन्दर धुँधला-सा निकल गया है छूते तुम्हें
किसी पेड़ ने अपनी पत्तियाँ गिरा कहा है कुछ तुमसे
रौशनी का एक उदास क़तरा उलझे बालों में ठहर गया है
और तुम चलती जा रही हो भीड़-भरी सड़क पर रास्ता बनाते

मैं कहाँ हूँ इस दृश्य में?
इतने चेहरों के बीच अपना चेहरा तलाशते खो गया हूँ एक बार फिर

पार्क है अनमने पैरों से दबी घास और सी-सा के दूसरी तरफ़ जाने कौन है
इस तरफ़ तुम हो नीचे आने की प्रतीक्षा करती
बार-बार कहता है चौकीदार—वक़्त हो गया है बन्द करना है दरवाज़ा
और तुम एक बेबस-सी हँसी में देखती हो नीचे
फिर मोच लिये पाँवों में निकल पड़ती हो बाहर देखना था न कौन था
उस तरफ़

मुझे बाहर करनी थी प्रतीक्षा
और तुम्हारे आने के पहले चले जाना था वहाँ से

भीगी हुई है आवाज़ तुम्हारी शरीर टूटता दर्द से होठों पर चुप्पियों की
पपड़ी

चारों तरफ़ एक शोर अनेक आवाज़ों में एक ही बात : बहुत प्यार करता हूँ तुम्हें
गड्डमड्ड हुए चेहरे पिघलते हुए पसर जाते हैं तुम्हारी आत्मा पर प्लास्टिक-
से चिपकते
सारी त्वचा पर चकत्ते हैं लाल-लाल और आवाज़ें कहती हैं—देखो
कितना प्यार करते हैं हम तुम्हें
एक खिड़की है खुली जिससे कूद जाना चाहती हो तुम वे आवाज़ें ग्रिल
बनकर ढँक लेती हैं उन्हें

मैं खड़ा हूँ उस खिड़की के नीचे
ऊपर आना था मुझे?

यह तुम्हारी ही आवाज़ है?
वह मेरा ही नाम है जो पुकारा तुमने टूटती साँसों से?
तुम्हारी ही देह है यह चाँदनी-सी पसरी हुई रौशनी भरती इस वीरान कमरे में?
यह तुम हो या कोई स्वप्न है जिसमें डूबता हूँ मैं जैसे शंख नदी के कुंड में
डूबती हो कुष्ठ से गलती कोई देह।

बातें

(एक)

सड़कों की तरह थीं बातें
ख़त्म होतीं तो उग आती एक नई सम्भावना
रुकतीं लाल बत्तियों पर पल-भर
और फिर चलतीं तो चलती चली जातीं

हरे पेड़ों-सी थीं, नई पत्तियों-सी नाज़ुक
सूखे-पत्तों सी झरती जातीं उदासियाँ
उनके होने में मौसमों का होना था

उनके होने में थे कायनात के सबसे दुर्गम पर्वत
बाँहें थामे आदिम यात्रियों-से चलते चले जाते हम
और साँझ ढले रुकते थककर किसी कन्दरा में
तो रौशनी की तरह बिखर जातीं बातें
भुने मांस-सी फैलती जाती उनकी ख़ुशबू
और चुप्पियाँ भित्तिचित्रों-सी छप जातीं

हवा-सी घुल गईं अतल महासागरों में
हमारे सपनों की प्राणवायु बनीं
पथरीली ज़मीनों पर नमी बनकर घुल गईं
हमारी कविताओं की बेहन उगी जहाँ

अबोले की झिर्रियों से रौशनी के चहबच्चों-सी चली आईं
सरगम-सी बजीं नींद के वीराने में

उनके होने में होना है हमारे प्रेम का
उनके होने में हमारी मजबूरियों की दास्तानें हैं
उनका होना मुलाक़ात की दोपहरी में बादलों का होना है
उनका होना एकान्त के होठों पर मुस्कान का होना है।

(दो)

एक दिन सारी तसवीरें धुँधली पड़ जाएँगी
मोनालिसा की मुस्कान में दरारें आ जाएँगी एक दिन
एक दिन चाट जाएँगी दीमक सारी किताबें
तब ब्रह्मांड के किसी सुरक्षित कोने में
ख़ामोश पड़ी रहेंगी बातें

एक दिन भूल जाएँगे सब बोलना
सवालों पर बर्फ़ की कई-कई तहें जम जाएँगी
जवाबों पर छा जाएँगे घने कुहरे
किसी तानाशाह की पलकों के साथ खुलेंगे होठ
और उसकी उँगलियों के उठने से पहले बन्द हो जाएँगे

बेआवाज़ पीड़ाएँ दुकानों में क़ैद हो जाएँगी एक दिन
ख़ुशियाँ भूल जाएँगी ठहाके लगाना
सब कुछ साफ़ होगा और ख़ामोश
डराएँगी मन्दिरों की घंटियाँ और कविताओं से शब्द खो जाएँगे

तब बातें होंगी हमारी पथरीले रास्तों से नदियों-सी गुज़रतीं
जिनमें धुलकर अपनी स्लेट
एक लड़की लिखेगी अपना पहला शब्द।

(तीन)

बातों से न हाथी पाना था हमें
न हाथी पाँव का डर ही था कोई

जीत लेने वाली कोई बहस तो थी ही नहीं
अक्सर हारने की कोशिश में बस बतियाते जाते थे हम

तुमने कहा—तुम कहो और भूल गईं कहना
मैंने कहा—तुम ही कहो और भूल गया सुनना
बादबानी कश्ती-सी फिर भी चलती ही गईं बातें

तुमने बादलों में पहाड़ तलाशे
मैंने उन पहाड़ों से एक नदी निकाली
मैंने भीड़-भरी सड़क पर एक कैनवास तलाशा
तुमने उसे तमाम रंगों से भर दिया
आधा चाँद देखा तुमने एक शाम
और हमने उसमें रौशनी भर दी

बातें थीं गहरी नींद के सपनों की तरह
जिनमें बस तुम्हारा होना याद रह गया मुझे।

(चार)

इतना आसान नहीं था आवाज़ों का इस छोर से उस छोर पहुँचना

एक भाषा थी तुम्हारी जिसमें शब्दों से अधिक मौन थे
एक मेरी भाषा थी शब्दों के बोझ से दबी
पुरखिने थीं तुम्हारी शब्दों के हाथ थामे
पुरखे मेरे तुम्हारा मौन सोख लेने को आतुर

फिर एक पूरी दुनिया पैरों में पत्थर-सी बँधी
उम्मीदों का रेतीला मैदान एक
एक चक्रवात परम्पराओं का

शब्द भटक जाते थे राह
सिलिकान शिराओं के अँधेरों में डरते-डरते रखते पाँव तुम्हारी देहरी से
लौट आते थे
मेरी देहरी पर देर रात तक प्रतीक्षा करता रहता तुम्हारा मौन
अजानी राहों के जाने-पहचाने भयों की अँगुलियाँ छोड़ चलने से पहले
एक युग लगा आवाज़ों को आलिंगन में बँधने से पहले

फिर वे मिलीं जैसे भय मिलता है भय से
जैसे हँसी हँसी से मिलती है मिलीं वे
मिलीं जैसे नदी से मिलती है नदी

आवाज़ों का बातें बनना
जैसे शब्दों का कविता बन जाना।

वह सब जो सीखा हमने प्रेम में

दीया बुझा दिया है अभी मसल कर आहिस्ता
डूबते धुएँ में देखता हूँ तुम्हारा पिघलता अक्स

(एक)

कैसी हो तुम ठीक इस वक़्त जब आवाज़ें बिखरने लगी हैं धुंध में
शाम ने अँगड़ाई ली है और हल्के नशे में रात-सी हो रही है उसकी शक्ल

एकदम तुम जैसी अँगड़ाई...
शाम हो तुम जाड़ों की
पोर पर टिकी ओस
कँपकँपाती ठोस
तुम हो

कैसी हो तुम
ठीक इस वक़्त जब कोई काँटा-सा उलझा है स्मृतियों में मेरी
दुःस्वप्नों के पार स्थितप्रज्ञ होने के भ्रम को बहा जब भटक गया हूँ भीतर अपने
घटनाओं के भँवर में हाथ-पाँव मारता थककर पुकारता हूँ जो तुम्हारा नाम
कैसी हो उसे सुनती तुम ठीक इसी वक़्त
जब होठों पर सिलाइयों के निशान पपड़ियों की तरह छूट रहे होंगे
कौन-सा शब्द ठिठका होगा निःश्वासों के बीच

हमें चाँद तक जाना था आज की रात
और हम ट्रैफ़िक नियमों में उलझ गए

(दो)

उदासियाँ कविताओं में ढलकर होती रहीं गाढ़ी और जम गईं आत्मा पर हमारी

निरुद्देश्य घूमते कलाई की घड़ियाँ सीनों में होती रहीं पैवस्त और मुस्कुराए
मुस्कुराए अँधेरे सिनेमा हॉल में चलती निरर्थक फ़िल्म के गानों पर
अकेले हुए इस क़दर की ख़ुश हुए बैरों की मुस्कुराहटों से
निःशंक थामे हाथ आशंकाओं की भीड़ में
शब्दों के बीच घिर आए मौन से डरे
निडरता से डरते रहे एकान्त से
और चले हम

चले हम जैसे तटों पर चलती है हवा
चले जैसे नदियाँ उतरती हैं पहाड़ से
जैसे चलती हैं चींटियाँ चले हम
रास्तों ने राहत दी और चलते रहे हम मंज़िलों के पार

कैसी हो तुम आशंकाओं के बवंडर के बीच बिखरे बाल सँवारती
ठीक इस वक़्त जब रास्तों पर पसरता जाता है सन्नाटा दमघोंटू स्माग-सा

पूछते तुमसे ख़ुद से पूछता हूँ कुछ सवाल
और
भीड़-भरी सड़क के अनचीन्हे एकान्त में
चूमता हूँ तुम्हारे केश
पलकों की तरह।

(तीन)

तलाशता हूँ तुम्हें हर उस जगह जहाँ हो तुम
शीशे के उस पार दीखती हो तुम कहीं खोई-सी
जहाँ आँखें हैं दृश्य नहीं हैं वहाँ
जहाँ दृश्य हैं नहीं जाती वहाँ तक दृष्टि
मैं अपनी आवाज़ें निर्वात की गोद में दे करता हूँ प्रार्थना
तुम राधा की तरह पालना उन्हें
वे तुम्हारी हैं अब

मैं हूँ यहाँ शीशे के इस पार
इस कोण पर झुका कि तुम देखो तो देख लो

(चार)

रोता है एक विदूषक
उसे आँसुओं के मानी बतलाओ

डूबता है अट्टहास में हत्यारा
उसे हँसना सिखलाओ

विद्रोह सिखाओ उन्हें
जो भूल गए हैं सौन्दर्य

बोलना सिखाओ उन्हें
मौन छोड़ गया है जिनका साथ

उन्हें सिखाओ कविता
जो शब्दों को पैसों-सा बरतते हैं

दूधिया दाँतों में शर्माती लड़की को सिखाओ
क़मीज़ से बटन की तरह नोच लेना दुःख

पत्थर-सी देह का सपना सजाते लड़के को
आँसुओं में डूबना सिखाओ

एक बार फिर सिखाओ मुझे...
वह सब जो सीखा हमने प्रेम में

(पाँच)

एक और अकेली रात गहराती है
और नल की आख़िरी बूँद-सा रीतता है इन्तज़ार
तुम जहाँ हो वहाँ एक टुकड़ा है हमारा
एक यहाँ
मैं शब्दों के धागे से जोड़ रहा हूँ इसे
और सुई चुभती है बार-बार हमारी देह में

मैं हूँ यहाँ
जैसे किसी लम्बी यात्रा का जीर्ण-शीर्ण नक़्शा
जैसे किसी पहाड़ी रास्ते का ढाबा कोई पुराना
जैसे उपेक्षित टापू कोई समन्दर के बीच
जैसे मोची कोई शहर के आख़िरी छोर पर

तुम आओ बादलों-सी लाँघती दुखों का पहाड़
प्रतीक्षाओं के मरुथल के उस पार
बच गई ज़रा-सी हरियाली-सा हूँ मैं यहाँ।

असमाप्त प्रतीक्षाओं के बीच

दुःख कहने पर मुझे बुद्ध नहीं यशोधरा की याद आती है

परित्यक्ता होना दुःख है
त्याग न पाना महादुख है मीनाक्षी
सुख की तलाश में उसे भी निकलना था
राजपथ भी निषिद्ध जिसे जनपथ भी

न शव में दुःख था न जरा देह में
दुःख महल में था अदेह, अदृश्य, अलक्षित
शुद्धोधन त्याग सकता था महल
यशोधराएँ अभिशप्त उन्हें वरने को

महलों से चलीं तो मठों तक पहुँची मुक्तियाँ
निर्वाण की तलाश में गलती रहीं गौतमियाँ यशोधराओं-सी

वह जो एक बार चढ़ा शूली पर ईश्वर हुआ
वे जिनकी देह पर निशान अनगिनत शूलियों के रहीं अलक्षित अनाम
तुम्हारी देह से पहले उन निशानात को चूमना चाहता हूँ

उस पहली गर्भवती स्त्री के पास बैठना चाहता हूँ कुछ देर
चला गया था जिसे छोड़कर उसका बुद्ध शिकार पर
और आग बचाते भरता रहा जिसकी आँखों में जल सदियों तक

मैं उस आग से गुज़रकर
उस जल में भीगना चाहता हूँ।

इन आँखों में वह कौन-सा जल है जहाँ तक नहीं पहुँचते मेरे चुम्बन?

यह जो अन्तराल है तुम्हारी भाषा का वहाँ तक नहीं पहुँच पाता मेरा मौन
यह जो ठहराव है तुम्हारी गति का उसके साथ सम पर नहीं आ पाती मेरी चाल
जो ठहरा है मेरे सीने पर तुम्हारा चेहरा है, तुम नहीं हो
हम अजनबी भाषाओं में बतियाते हैं एक दूसरे से
सिर्फ़ एक शब्द समझ आता है दोनों को—प्रेम
उसके भी अर्थ अलग-अलग शायद

मैं समुद्रों की अतल गहराइयों में ढूँढ़ता रहा तुम तक पहुँचने की राह
पर्वतशिखरों के हिमाच्छादित बियाबानों में भटका
जंगलों में घूमा मृगछाला लपेटे संन्यास की भंगिमा में गुज़ार दीं सदियाँ
जाने कस्तूरी थी तुम मेरी नाभि में बसी
या अमृत था मैं तुम्हारी नाभि में छिपा

हज़ार बरस से भटकता थक गया हूँ
उपवनों से गुज़रता हूँ और कोई सुगंध नहीं पहुँचती मुझ तक
समन्दर के तलों तक जाता हूँ बार-बार और नहीं देख पाता सेवारों के सौन्दर्य
वीरता के श्राप से अभिशप्त अपने ही कवच से लहूलुहान
घायल करता उसे ही जो हो सबसे निकट
तुम्हें कैसे घाव पहुँचाऊँ मीनाक्षी?

ठहरना चाहता हूँ थोड़ी देर
इन भारी लौह कवचों को उतार रख देना चाहता हूँ तुम्हारे वक्ष पर अपना श्रांत माथा
थोड़ी देर इस उपवन में फूलों की सुगंध महसूस करना चाहता हूँ जो शायद तुम्हारे बालों-सी है
समन्दर के अतल तलों के सेवार लाना चाहता हूँ तुम्हारे लिए

प्रतीक्षा में आकुल नयन तुम्हारे चूमता हूँ बाहुपाश में लिये तुम्हें
अगली यात्रा में मुझे तुम्हारे साथ चलना है।

सूर्य होने के भ्रम में बादल से रहे तुम्हारे जीवन में

भ्रम हमारे हथियार थे
वही हमारे सिंहासन, वही ज़िरहबख्तर
सदियों से जिए हमने भ्रम और ख़ुश होने का अभिनय किया तुमने

कितने निशान हैं उसके तुम्हारी देह पर मीनाक्षी
कितनी खरोंचें तुम्हारी आत्मा पर
वे जिस पर मुग्ध होते रहे हम सदियों से कहीं वे निशान ही तो नहीं?
माफ़ियाँ निशान कहाँ मिटा पाती हैं?

मैं अपने पुरखों की ज़मीन का वारिस हूँ
तुम अपनी पुरखिनों की तकलीफ़ों की
इतने बोझ के साथ कैसे करेंगे हम प्रेम?
साथ चलने के भ्रम में तुम्हारे आगे चलते गया तो कैसे पहुँचूँगा तुम तक?

पा लेना एक स्त्री को उसका प्रेम पा जाना कहाँ होता है?
खो देना ख़ुद को किसी का हो जाना कहाँ होता है?
खोने-पाने में मिलने की सम्भावना होती है, मिलना नहीं होता।

हम युद्ध पर गए और प्रतीक्षा की तुमने सती होने की सम्भावना के साथ
हम शिकार पर गए और प्रतीक्षा की तुमने शिकार होने की सम्भावना के साथ
हम घरों में रहे और तुमने की हमारी प्रतीक्षा
इस बार मुझे तुम्हारी प्रतीक्षा करनी है मीनाक्षी।

इस बार मुझे उतारने हैं अपने ज़िरहबख़्तर
मुझे तकनी है तुम्हारी राह करना है तुम्हारी बाँहों के खुलने का इन्तज़ार
मैं एक बूँद की तलाश में आया हूँ तुम्हारे पास
और रहना चाहता हूँ तुम्हारे जीवन में
जैसे काले बालों के बीच रहता है एक सफ़ेद बाल।

मैं चाहता हूँ करना प्यार

(मरीना त्स्वेतायेवा का एक ख़त पढ़कर)

तुम देखती हो जब सौन्दर्य मैं तुम्हें देखता हूँ

समन्दर किनारे की रेत पर चलते एक समन्दर तुम्हारी आँखों में भी लहराता होगा
एक पहाड़ देखा है मैंने तुम्हारी आँखों में पहाड़ी नदी के किनारे चलते चलते
ढलानों पर उतरते तुम्हारे पाँवों से बिखरते देखा मैंने मुक्ति का संगीत
और उस संगीत को अपनी आत्मा के ज्यूक बॉक्स में दर्ज किया निःशब्द

जब तुम कविता पढ़ती हो तो एक कविता तुम्हारी उदासी लिखती है
हर्फ़-दर-हर्फ़ पढ़ता हूँ वह कविता जैसे स्कूल की पहली कक्षा में कोई बच्चा पढ़ता हो बारहखड़ी

भयों को छोड़ आया था तुम तक आने से पहले
जैसे छोड़ आते हैं पेड़ पत्तियाँ बसंत के आने से पहले
पर दुःख बचा रहा क्लोरोफ़िल-सा, कामनाएँ टहनियों-सी बची रहीं
बची रही उम्मीदें अधूरी छायाओं-सी, सपने जड़ों की तरह तलाशते रहे जीवन
और इस तरह तुम तक पहुँचा मैं

मुझे नहीं आया प्यार करना
बचपन के सबक़ों में प्यार का कोई सबक़ नहीं था
मुझे आँसुओं से भरी आँखों को होठों से पी जाना आता था
आता था मुझे भीड़-भरी सड़क पर तुम्हारे भर की राह बना देना

मुझे सिखाया गया था आँसुओं का नमक अपने कन्धों की हड्डियों में घोल लेना
और मैंने सीखा गलना इस तरह धीमे-धीमे कि हड्डियों को भी पता न चले
मुझे धीरज सिखाया गया था और मैंने की प्रतीक्षा जैसे वेंटिलेटर पर करता है कोई मृत्यु की

आज़ादी मेरे लिए उन रास्तों का सफ़र थी जिन पर सत्ताएँ बिखरती हैं धीरे-धीरे
मैं चला और चाहा तुम भी चलो जैसे हवा के साथ चलती है बारिश

मैंने जब किया ख़ुद से प्यार तो उस ख़ुद में जाने क्या-क्या शामिल होता गया

एक दुनिया थी दुख और अत्याचार से भरी और मुझे बुद्ध नहीं होना था
एक मुसलसल जंग थी चारों तरफ़ और नो मैन्स लैंड की ओर नहीं गई मेरी निगाह
मैंने किया प्यार ख़ुद से तो उन तमाम दुखों से प्यार कर बैठा जिनके दाग़ मेरे पुरखों की सफ़ेद क़मीज़ पर थे
ख़ुद से प्यार किया तो कर पाया तुमसे प्रेम

मैंने प्यार किया जैसे युद्ध में घायल सिपाही करता है ज़िन्दगी से प्यार
जैसे आख़िरी साँस लेता मरीज़ चिड़ियों से प्यार करता है
जैसे पिघलते पहाड़ करते हैं नदियों से प्यार
जैसे शहर की पुरानी इमारतें करती होंगी स्मृतियों से प्यार
जैसे सूखे के तीसरे साल कुँए की जगत से करता हो कोई प्यार

हाँ मेरी प्रिय नहीं जानता पर चाहता हूँ करना प्यार
जैसे बेसुरा कोई गाना चाहता हो कबीर के पद कुमार गन्धर्व को सुनते-सुनते।

जुगनू, वनफूल और तुम

प्रतीक्षाओं के सुन्दरवन में एक वनफूल तलाशता हूँ और न उसका रंग याद है अब न नाम
एक धुँधली-सी छवि है कई बरस पुरानी तसवीर जैसे धूल से अँटी
और तलाशता हूँ मैं उसे शाम से सुबह तक
रातों में खिलता था वह वनफूल और जुगनुओं की रौशनी में घुल-मिल जाता था।
उसकी राह में एक बहुत पुरानी-सी क़ब्रगाह थी जिसमें एक चौबीस बरस की औरत लेटी थी डेढ़ सौ बरस से
उससे थोड़ी दूरी पर वह पुरुष अट्ठाईस बरस का उतने ही वर्षों से अपनी प्रतीक्षाएँ समेटे
क़दमों की दूरियाँ और जैसे बीच में कोई नदी गहरी भँवरों वाली कमलिनियाँ तैरतीं उनमें और सूख जातीं
मैं उस पर एक पुल बना देना चाहता था रस्सियों का और गुज़रना चाहता था साथ तुम्हारे कमलिनियाँ चुनते
याद है तुम्हें वह भँवर जिसमें डूबे तो उतराने की कोई कामना ही न हुई
इन दिनों उससे बचता हुआ गुज़रता हूँ रस्सियाँ थामे कमलिनियाँ सारी मुरझा गई हैं और भँवरें ख़ामोश डूबती हैं अपने में ही

अँगुलियों पर रस्सी के निशान हैं या स्मृतियाँ हैं तुम्हारी

एक पहाड़ है ठिगना-सा राह में वह नदी प्रपात बन गिरती उसके बीच पत्थरों पर दर्ज करती अपना आवेग
उन पर मिट चुके अनगिन निशानों में एक निशान तुम्हारे पाँवों का भी है
थककर बैठता हूँ उसके किनारे तो जैसे कितने फूल खिल जाते हैं

एक हँसी घुलती जाती है लहरों में और मैं उस पर रख देता हूँ अपने पपड़ाये होंठ
एक धार फूटती है सीने में आँखों से गुज़रती इतनी लहरें प्रलय-सी उठती डूब जातीं
उन्हें साथ लिये निकलता हूँ उस मोड़ से आगे जहाँ थककर बैठ गई थीं तुम
बढ़ाता हूँ हाथ और फिर शून्य में वापस आता है वह...

इस शून्य में दुनिया के सारे शब्द घुले-मिले हों जैसे मौन में बदलते

एक पेड़ है कई पेड़ों-सा फैला थोड़ा आगे और उसके पार चाय के बागान
जिनमें पगडंडियाँ तुम्हारी जुल्फ़ों-सी उलझीं
जहाँ चूम लिया था तुमने निर्द्वंद्व और वह हँसी चाय के दानों में ख़ुशबू-सी भर गई थी
उँगलियाँ तुम्हारी थामी हैं मैंने और चल पड़ा हूँ पगडंडियाँ दिखाती हैं राह
यहाँ से आती थी महक वनफूल की
यहाँ से जुगनुओं की रौशनी दिखती थी
यहाँ से महकती थी देह तुम्हारी
यहाँ से होंठ लरजते थे और पाँवों में गति फूटती थी
यहाँ से फूटता था कामनाओं का एक अजस्र स्रोत जिसमें नहाकर बदल जाते थे हमारे रूप

मैं 'था' से...हाथ छुड़ाए बढ़ता हूँ आगे
अँधेरी हैं सब राहें
वे जुगनू थे या तुम्हारी आँखें थीं
वनफूल था या चेहरा तुम्हारा...

धूल, गंध और पतंगे

चाँद पर भी कितनी धूल है
तुम रूमाल लाई हो न मीनाक्षी
ये आँसू नहीं हैं धूल पड़ गई है आँखों में
मैंने चश्मे सारे छोड़ दिए बिस्तर पर ही और आँखें लिये चला आया मना तो किया था तुमने
यह लाली शराब की नहीं है चाँद पर कहाँ है शराब?

तुम जब रो रही थी मैं जग रहा था
तुमने कहा चाँद पर चलो और मैंने कहा तुम चलो मैं पीछे-पीछे आता हूँ
तुमने कहा चाँद किसी के पीछे नहीं होता।
मैंने देखा तुम्हें तुम्हारी आँखों में था चाँद और उसमें कोई धूल नहीं थी
चाँद-सी होती हैं आँखें जिनमें जितना अँधेरा उतनी ही रौशनी

कितनी वीरानी है चाँद पर देखो साथ रहना रास्तों पर कोई बोर्ड नहीं
हवाओं में गंध है जो वह कविता की है
और कविता भटकाती है हमेशा
तुम्हें याद है कभी पतंगों से उड़े थे हमारे मन और उन पर सवार हो हम गए थे चाँद तक
शायद वहीं पड़ी हों वे पतंगें

(दो)

हम कहाँ रहेंगे?
कौन-सी छत होगी जिसकी छाँव में हम देखेंगे स्वप्न?

किस हवा में बिखरेगी तुम्हारी सुगंध मीनाक्षी?
किस दीवार पर लिखूँगा मैं तुम्हारा नाम...
किस आवाज़ में बिखरेगी तुम्हारी उदासी कुमार गन्धर्व की तान-सी

यहाँ इस तरफ़ एक झील है खारे पानी की
हरे पेड़ों की एक क़तार और पगडंडियों पर निशान अनजाने पाँवों के
कहाँ जाता होगा यह रास्ता?

तुम्हारे आँसुओं से कितना मिलता है झील का स्वाद
मेरे क़दमों से कितने मिलते हैं ये अनजान निशान
यह जो धरती पर पड़ा है अधखाया फल
यह जो घिसटता हुआ निशान है इसके पास

धरती कहीं चाँद से बहिष्कृतों का शरणस्थल तो नहीं मीनाक्षी?

(तीन)

सुनो मीनाक्षी
इस आवाज़ को सुनो
सुनो इस निर्वात से उठती आवाज़ को

इस आवाज़ को सुनो जो उठ रही है धरती से और चाँद तक चली आई है
हमारे पीछे-पीछे
तुमने तो कहा था ख़ामोशी लिये आई हो...

बेआवाज़ क्यों नहीं होती ख़ामोशी?

(चार)

वह जो कात रही है दर्द की रुई से कविताओं की कपास
वह जिसके चेहरे पर स्मृतियों की झुर्रियाँ हैं

वह जिसकी आवाज़ में इतिहास है एक
वह जिसकी ख़ामोशियों में चिताएँ हैं जाने कितनी
वह कितनी ख़ूबसूरत दिखती है धरती से

वह जो देखती है अदेखी दृष्टि से मुझे
उसे देखो मीनाक्षी

वह माज़ी है हमारा मुस्तक़बिल नहीं...

(पाँच)

हाँ धरती पर ही लौट के जाना है हमें
हाँ लम्बी भले हो रात अनन्त नहीं होती

जब लौटेंगे हम
बस एक गंध होगी
धूल चन्दन-सी लिपटी देह पर
पतंगें रख देंगे हम सँभालकर कहीं

जीवन ख़त्म होता है
यात्राएँ नहीं।

तुम चाँद से कैसे रूठ सकती हो!

चलो मुझसे रूठ जाओ
मना लूँगा
रूठ जाओ किताबों से कुछ दिन
कुछ दिन रूठ जाओ पुरखिनों से
हवा से रूठ जाओ
रूठ जाओ तारीफ़ों से
लेकिन
ख़ुद से कैसे रूठ सकती हो तुम!

सोचो मैंने ईर्ष्या की हवा से पानी से किताबों से
यहाँ तक कि उन किताबों की लेखिकाओं से भी जिनमें डूब जाती हो
लेकिन देखा तुम्हें
चाँद को निहारते
तो और प्यार आया हर बार

रूठ सकती हो पहाड़ों से तुम
वे फिर बुला लेंगे अपने पास
समन्दर से रूठ सकती हो
जो हरहरा के चूम लेगा तुम्हारे पाँव

तुम चाँद से कैसे रूठ सकती हो मेरी जान
तुम्हें निहारते मुग्ध जो मनाने की सुध भी खो बैठा है।

और कमबख़्त मैं

भोर

थके-हारे चाँद के संग रह गया है
यह अकेला एक तारा

भोर की पहली किरण के ठीक पहले
बॉलकनी में खुल रही हो जैसे
एक खिड़की धुँधलाई-सी रौशनी की
और थकी आँखें मेरी अलसाए-से आकाश में
एक चित्र बनाती हैं
        अमूर्त एक चित्र
        कि जिसमें एक आँसू
        ठहरा है दाहिने गाल पर

किताब एक औंधी पड़ी है
मुँह तक भरी एश ट्रे में सो रही हैं कविताएँ तमाम
रतजगा ज्यों उम्र की गहरी नींद का मुसलसल ख़्वाब कोई
एक आवाज़ गले से निकलकर होंठों पर दम तोड़ देती है
प्यास है गहरी
बहुत गहरी
सूखे कुएँ-सी
और उसमें ढूँढ़ता हूँ
तारे का प्रतिबिम्ब
                एक अकेले तारे का
                प्रतिबिम्ब

सिटकनी है बन्द
अपनी क़ैद में सुरक्षित घर
और फिर...अकेलेपन का
भयावह डर
भटकता है एक अकेला तारा
घर के धूसर आकाश में
क्या ढूँढ़ता है?
दाग़ एक गहरा बेरंग आत्मा पर
चाँद के धब्बे रौशनी में घुलते जाते हैं
सूर्य हो जाने के सारे ख़्वाब
एक तारे में अकेले डूबते हैं
और तारा टूटकर गिरता है कि जैसे
निगाहों से दृश्य कोई गिरे
और धूल के रंग का हो जाए

भोर की आहट
खट-खट दरवाज़े पर
पुराना काठ बजता है कि जैसे कोई पुरानी कराह
पहचानता हूँ...इसे पहचानता हूँ आह!

दोपहर

ज़र्द पत्ता एक
औंधा पड़ा, ज्यों समय की लाश

सड़क पर उदास पाँवों का हुजूम
आँखें बारिशों की मुन्तज़िर सब
हज़ार पाँवों में एक जोड़ी अकेले पाँव
आँखें एक जोड़ी
बारिशों की राह तकते
बरस जाएँगी अकेली

शोर कितना
बरसती आग में ज्यों
चीख़ते हैं कंठ अनगिन अनगिन स्वरों में
सोख लेतीं स्वर रश्मियाँ उद्विग्न
धुएँ-सी अनमनी अनबनी छायाएँ
क्षितिज के पार तक जाती हुईं निराकार
और पीछे छूटता है
मौन हाहाकार

जल रहा है अकेला सूर्य
तारे सब समुद्री यात्रा पर
चाँद थक गया सो गया अपने धब्बों में
अकेला सूर्य जलता है निरन्तर

जाना कहीं था?
लौटना था फिर कहीं?
रुकना था कहीं...
प्रतीक्षा के बौने जंगलों से ढूँढ़ना था फूल कोई
थक-हारकर बबूली छाँव में
बैठा हुआ हूँ शान्त
स्वप्न सारे हो चुके बदशक्ल काँटों में उलझकर
कहाँ पहुँचा हूँ यूँ ही दिन-रात चलकर
लौटते हैं प्रश्न ही उत्तरों-सी शक्ल लेकर
देखता हूँ आगे जितनी पीछे उतनी राह
है बुलाता कौन!
है कोई क्या!
आह!

किसी सलीब पर देखा है मुझको बोलो तो

(एक)

आधी रात बाक़ी है जैसे आधी उम्र बाक़ी है
आधा क़र्ज़ बाक़ी है आधी नौकरी आधी उम्मीदें अभी बाक़ी हैं
पता नहीं आधा भी बचा है कि नहीं जीवन

अब भी अधूरे मन से लौट आता हूँ रोज़ शाम
रोज़ सुबह जाता हूँ तो अधूरे मन से ही
जो अधूरा है उसे पूरा कहके ख़ुश होने का हुनर बाक़ी है अभी
अधूरे नाम से पुकारता हूँ जिसे प्यार का नाम समझता है वह उसे!

एक अधूरे तानाशाह के फ़रमानों के आगे झुकता हूँ आधा
एक अधूरे प्रेम में डूबता हूँ कमर तक

(दो)

वह जो चल रहा है मेरे क़दमों से मैं नहीं हूँ

हवा में धूल की तरह चला आया कोई
कोई पानी में चला आया मीन की तरह
कोई सब्ज़ियों में हरे कीट की तरह
और इस तरह बना एक जीवन भरा-पूरा

पाँचों तत्त्व सो रहे हैं जब गहरी नींद में
तो जो गिन रहा है सड़कों पर हरे पेड़
वह मैं नहीं हूँ

(तीन)

इतनी ऊँची कहाँ है मेरी आवाज़
एक क़मज़ोर आदमी देर तक घूरता है कोई तो डर जाता हूँ
कोई लाठी पटकता है ज़ोर से तो अपनी पीठ सहलाता हूँ
शराबियों तक से बच के निकलता हूँ
कोई प्रेम से देखे तो सोचते हुए भूल जाता हूँ मुस्कुराना

दफ़्तर में मन्दिर की तरह जाता हूँ
मन्दिर में दफ़्तर की तरह

अभी-अभी जो सुनी मेरी आवाज़ आपने और भयभीत हुए
वह मेरे भय की आवाज़ है बन्दानवाज़

(चार)

कौन करता मेरा ज़िक्र?

मैं इस देश का एक अदना-सा वोटर
एक नीला निशान मेरा हासिल है
मैं इतिहास में दर्ज होने की इच्छाओं के साथ जी तो सकता हूँ
मरना मुझे परिवार के शज़रे में शामिल रहने की इच्छा के साथ ही है

किसी ने कहा प्रेम तो मैंने परिवार सुना
किसी ने क्रान्ति कहा तो नौकरी सुना मैंने

मैंने हर बार बोलने से पहले सोचा देर तक
और बोलने के बाद शर्मिन्दा हुआ

मैंने मोमबत्तियाँ जलाईं, तालियाँ बजाईं
गया जुलूस में जन्तर-मन्तर गया कुर्सियाँ कम पड़ीं तो खड़ा रहा सबसे पीछे
हॉल में
और रात होने से पहले घर लौट आया

वह जो अख़बार के पन्ने में भीड़ थी
जो अधूरा-सा चित्र उसमें वह मेरा है
सिर्फ़ इतने के लिए भी चाय पिला सकता हूँ आपको
क़मीज़ साफ़ होती तो सिगरेट के लिए भी पूछता

रुकिए...लिख तो दूँ कि धूम्रपान हानिकारक है स्वास्थ्य के लिए

उमस-भरी रात है यह एक

(एक)

सारे पहाड़ चले गए हैं शहर छोड़कर
नदियाँ ख़ामोश निहारतीं आकाश सो गई हैं मौत जैसी नींद
नमी नसों में भर गई है
सुइयों-सा चुभता है कुछ हड्डियों में
और ऐसी रात में मैं कविता लिखने की नाकाम कोशिशों के बाद नाख़ून से कुरेद रहा हूँ निरर्थक शब्द

अँधेरा खिड़कियों से सपनों में चला आता है बेरोकटोक
ख़त्म ही नहीं होती यह सड़क चलने की हिकमत ख़त्म होती जा रही है
घिसटते पैरों से सफ़र ख़त्म करने की ख़्वाहिश रिस रही है घावों से
जहाँ रुकता हूँ वहाँ बोर्ड है एक पुराना—आगे रास्ता बन्द है।

(दो)

अभिशप्त आँखें देखती हैं स्वप्न जैसे असमाप्त कथा कोई प्राचीन
धुँआ भरता जाता है साँसें चलती हैं जैसे किसी गोल चक्कर में लौट-लौट आती वहीं

रात के तीसरे पहर खिड़की से तलाशता हूँ चाँद
तारे आँखों में चुभते हैं...

(तीन)

खड़ा हूँ मंच के इस ओर
नाटक यवनिका के उस ओर जारी है
ख़ून की एक धार उठती है और भिगा जाती है सफ़ेद पर्दा
चीख़ती है उन्माद में भीड़ उछलती हैं शराब की ख़ाली बोतलें
अचकचाया-सा जूते के तल्ले पर रगड़ देता हूँ अधजली बीड़ी
और अचानक हरी घास के धब्बे उभरते हैं पर्दे पर
उस ओर बढ़ती जाती हैं हलचलें
पहचानी आवाज़ों की एक लहर उठती है और मंच से होती पसर जाती है
दर्शक दीर्घा में

शोर...कितना शोर...जाने-अनजाने शब्दों की लपटों से घिरा है मंच

जली उँगलियाँ लिये पर्दा हटाने की कोशिश में बढ़ता हूँ
तो पाँवों के नीचे सुलगती है घास।

मैं उस युद्ध में शामिल था...

मुझे हथियारों से डर लगता था
मैंने चुपचाप बटोरकर रख दिए बमों के खोखल
बुहार दिया ध्वस्त स्कूल का अहाता
कुर्सियों की मरम्मत की
बचे-खुचे ब्लैक बोर्ड्स पर काला पोंछा लगाया
टूटी मेज को टिकाया ईंटों से
और उस पर चाक के कुछ टुकड़े रख दिए

मैंने उनके ख़त पहुँचाए बीमार माँओं और उदास प्रेमिकाओं तक
घोड़ों को लिये घास के मैदान तक गया
उनसे आज़ादी के गीत सुने
उनकी दाल में नमक की तरह शामिल हुआ
उनके घावों पर मरहम की तरह जा लगा

वे प्राणों की बाज़ी लगा लड़ रहे थे
हज़ारों साल की शापित मानवता की मुक्ति का फ़ैसलाकुन युद्ध
गर्वोन्मत्त थे वे और प्रतिबद्ध
तानाशाह की आँखों में आँखें डाल बढ़ते जाते थे, कटते जाते थे
सूर्य की तरह चमकते थे वे
और मैं ब्लैकआउट से घिरे शहरों में जला मोमबत्ती की तरह
तानाशाह की आँखों में रेतकण की तरह चुभा
धधकते पोस्टरों की आग सह पाने की ताब नहीं थी मुझमें
तो मैं लेई बनकर उनकी पीठ पर लिपट गया

मैं एक कमज़ोर आदमी था जिसकी कमज़ोरी के क़िस्से चुटकुलों के काम आए
मेरा घर था एक, बीवी और बच्चे, बूढ़ी माँ, बीमार पिता, अनब्याही बहन, बेरोज़गार भाई
इन सबके लिए नौकरी थी एक जो उनकी रात की महफ़िलों का सबसे उम्दा मज़ाक़ बनी
मैं रोज़ सपनों में इनसे निकल आता था और सूरज के साथ लौट आता था फिर
हसरत-भरी निगाह से सुनता था उनकी वीरगाथाएँ
उनका नायक नहीं हो सकता था तो चारण बना

एक दिन जब वे लौटेंगे उन बुहारी हुई सड़कों पर
अलंकरण चमकेंगे उनके धूप की पेशानी पर
आसमान चूमते नारों में एक क्षीण-सी आवाज़ मेरी भी होगी शामिल
फूल बनकर बरसता हुआ, धूल बनकर हुलसता हुआ
दिन-भर की थकन के बाद लौटूँगा इस सन्तोष के साथ
कि इस युद्ध में शामिल था मैं भी दम-भर।

मेरा नहीं है यह जो मुझ जैसा लगता है

यह जो इतिहास-सा बन रहा है मेरी आँखों के सामने
मैं इसका हिस्सा होने से इनकार करता हूँ
कवियों की यह जो जमात है अपनी कविताओं से केलि करती हुई
मेरा नाम बाहर कर दे कोई उसमें से
चाहे तो इस कविता का कोई नाम सुझाए दूसरा
मैं इसे चीख़ कहता हूँ आधी रात को एक अर्द्धविक्षिप्त प्रेमी की

स्मृतियों की जिन उदास गुफाओं में रहता है प्रेम
वहाँ भरती जा रही है यह चीख़ किताबों की आलमारी को जैसे ढँक लेती है
एक दिन धूल

एक मरती हुई भाषा के कंधे पर हम लादते चले जाते हैं कविताओं का दुसह भार
जैसे मरती हुई नदी फ़ैक्ट्रियों का उगालदान बनती जाती है
कटे पेड़ों की स्मृतियाँ हैं वे काग़ज़
जिन पर सवार हो रोज़ सुबह मेरे दरवाज़े पर आता है दुनिया का नूरानी चेहरा
उस नूरानी दुनिया से काट दो मेरा नाम जिसमें गाज़ा के सर कटे बच्चे के ठीक
ऊपर हगीज का विज्ञापन है
तुम लिख सकते हो तो लिखो उसके ठीक नीचे अपनी कविता।

मैं किसी और समय से चला आया हूँ यहाँ ग़लती से
यह मेरी सड़क नहीं, मेरा रास्ता नहीं, मेरा घर नहीं, मेरा देश नहीं
इस परिचय-पत्र पर जो दर्ज है वह चेहरा मेरे चेहरे से मिलता तो है, पर मेरा नहीं
ग़ौर से देखो मेरा चेहरा उस फ़लस्तीनी बच्चे से कितना मिलता है

यह जो मेरे चेहरे में कालिख है उसमें शामिल है सूडान की क़ब्रों की मिट्टी
मेरी आँखें देखो उस कश्मीरी से कितनी मिलती हैं जो गिरफ़्तार हुआ तो फिर लौटा ही नहीं
मेरे हाथ मनोरमा के हाथ हैं और मेरे पैर साईंबाबा की बैसाखियाँ हैं
मेरी भूख साँवली है लेकिन ओबामा से नहीं लाल सिंह दिल से मिलती है

मेरा नाम काट दो उस जमात से जिसके दाँतों पर हज़ार बरस पुराने ख़ून का दाग़ है
गर्व से कहने के लिए कुछ नहीं मेरे पास इस ज़िद के सिवा जो रोज़ घायल हुई जाती है
मैंने अभी-अभी एक जनवादी को निकलते देखा है कलावादी कलारी से
मैंने अभी-अभी एक अहिंसक के हाथ में छुरा देखा है

मैंने इतना कुछ देखा है कि आँखों में आक्षितिज अँधेरा भर गया है और जाने कितना चलना है अभी

उठने के लिए ज़ोर लगाता हूँ तो ज़मीन में थोड़ा और गहरे धँस जाता है पाँव
खुलते हैं होंठ तो अस्पष्ट बुदबुदाहटें निकलती हैं
हवा में उठता है हाथ और गुम हो जाता है उस अँधेरे में
एक क़हक़हा लगता है और परदे पर बलात्कार का दृश्य है अब
किसी ने बियर की बोतल लहराई है च्च च्च कहते हुए
और कोई धीरे-से पूछ रहा है मेरे कान में उस लड़की का पूरा नाम क्या है?
एक ने ज़ोर से नारा लगाया है कोई अश्लील जिसमें देश जैसी किसी चीज़ का नाम आया है कई बार
किसी कोने से कोई ईश्वर उछलकर पूरे परदे पर छा गया है और उस लड़की की सिर्फ़ चीख़ें सुनाई दे रही हैं
बियर पीता हुआ वह आदमी अपनी सीट पर बैठे-बैठे पेशाब कर रहा है और मेरी ओर आश्चर्य से देखता हुआ कहता है—अबे, अब इससे अच्छे कौन से दिन होंगे?

इतना अँधेरा और इतनी भयावह तसवीरें और कुफ्र यह कि तीन घंटे में ख़त्म नहीं होगा यह खेल। किसी सुखान्त की उम्मीद में नहीं बैठ सकता यहाँ सारी उम्र। मैं दरवाज़ा तोड़कर भाग जाना चाहता हूँ। मैं फाड़ देना चाहता हूँ वह रुपहला पर्दा। मैं उस हाल में जला देना चाहता हूँ हज़ार वाट का बल्ब। मैं चीख़ना चाहता हूँ इतनी ज़ोर कि दब जाएँ आहों-कराहों और अट्टहासों की सारी आवाज़ें।

मैं पूरा ज़ोर लगा के थूकता हूँ पर थूक मेरी गोद तक ही पहुँचता है बमुश्किल...

जो है वह यही है

कुहरे में डूबी सड़क के उस पार नहीं है कोई पेड़
उस पेड़ पर कोई पत्ती नहीं उस पत्ती में क्लोरोफ़िल नहीं ज़रा-सा भी
उसकी छत पर कोई सूरज नहीं, उस सूरज में एक भी किरण नहीं
उसकी कोख में कोई रौशनी नहीं, उस रौशनी में कोई दृश्य नहीं उस दृश्य में नहीं कोई और
ब्लैकहोल है इस कुहराये क्षितिज के उस पार और इस पार मैं हूँ

थकन के पार कुछ नहीं पैरों के पास
बैठो तो यह भरोसा भी नहीं कि वह पत्थर की बेंच है या कोई मृग मरीचिका
आश्वस्ति भीग-भीग जाती है थकन और आराम के बीच
एक आवाज़ कहती है लौट जाओ और रास्ते लील जाती है सारे
धीमी पुकार अट्टहास में बदलती हुई अट्टहास विलाप में टूटता
बढ़े हुए हाथ तैरते हैं हवा में मुस्कुराते हुए कहते हैं चयन है यह तुम्हारा
उम्मीदें रौशनी थीं चिता की अब यह जो राख है स्वप्नों की है इसे स्मृतियों की नदी में कर दो प्रवाहित
अस्थियाँ कविताओं-सी रख लो अपने पास जब कम होगा दुःख तब रखेंगी ज़िन्दा ये

कँटीली झाड़ियों के बीच जाने चल रहा हूँ कि लौट रहा हूँ
एक क्षण तनती हैं मुट्ठियाँ तो दूसरे क्षण चीख़ पड़ता हूँ
कोई काँटा है जाने कि किसी फूल के दबने की चीख़ जो मुझमें खो गई है
भयंकर शोर आवाज़ों की कोई रणभूमि हो जैसे और मैं ख़ामोशियों की तलाश में चलता हूँ मुसलसल

साँसें टूटती हैं, लय तो ख़ैर बनी ही नहीं वर्षों से, हाथ झाड़ियों के बीच बनाते रास्ता टकराते कुहरे से और लौट आते अपनी जगह
ख़ाली है वह जगह और मुट्ठियाँ बाँध लेतीं ख़ालीपन को एक आवाज़ भरती जाती ख़ाली जगहों में
तुम उसे नारा कहते हो

धीरज के उस पार प्रतीक्षा है एक अधीर चलने के पहले कोई पता नहीं दिया तुमने ठहरने से पहले कोई आश्वासन नहीं प्रतीक्षा के पहाड़ के उस ओर कोई गाँव नहीं न इस ओर कोई छाँव। मैं वह नहीं जो चला था वह भी नहीं जिसने एन दुपहरी रुककर देखा था क्षण-भर सूरज को न वह जो राह पूछता आया झाड़ियों से। कोई और होगा वह जो शिखर से उतरते हुए अनुपस्थित गाँव की राह पूछेगा और कोई और होगा वह यह सुनने के बाद कि जो है बस यही है।

कितने क़दमों के बाद गलने लगेगी देह?

एक तारा टूटता है और घाव धरती की देह पर होता है पैवस्त
सपनों के टूटने के घाव अदेखे से बहते रहते हैं धमनियों में
उपेक्षाएँ हृदय के कहीं बहुत भीतर पलती रहतीं असाध्य विषाणुओं-सी
जीवन किसी अन्त की प्रतीक्षा के बिना भी बढ़ता रहता उस ओर

आख़िरी सिगरेट की आग पहुँच रही उँगलियों तक
नींद की आख़िरी सम्भावना दम तोड़ती एश ट्रे में
डॉक्टर की पर्ची सुलगती है धुएँ में बिखरती जाती उम्र
यह चयन है मेरा
मेरे आख़िरी बयान में कोई संज्ञा नहीं होगी
सर्वनाम भी नहीं।

भीड़ है न्यायालय में
न्यायाधीश अभी-अभी मन्दिर चला गया है
ज़िरह जारी है पुरज़ोर
मुझे मारे जाने की अलग-अलग वजूहात बताते वकीलों के मुँह से फेन आ रही है
उसमें ताज़े ख़ून की बास है
मुझे तुम्हारे कम हीमोग्लोबिन की याद आती है
ज़ोर से दबाकर देखता हूँ अपने नाख़ून अब भी गुलाबी हैं वे ज़रा-ज़रा
भीड़ है बहुत और तमाम जाने-पहचाने चेहरे
अख़बारों में क़िस्से गुनाहों के मेरे
और चैनलों पर बहस लाइव कि फाँसी बेहतर हो या उम्रक़ैद
मैं तुम्हारी आँखों में उन बहसों के काँटे उतरते देखता हूँ

किसी ने अभी-अभी कहा है तुम्हें चाय बनाने को
एक तजवीज़ चाय में ज़हर देने की सुझाई गई है
मैं सोचता हूँ कहीं उसमें दूध न डाल दें कमबख़्त।

बधाइयों की एक पूरी जमात उतर आई है आँगन में
किसी ने कहा "तुम ही हो सकते थे यह, मैं सदा से जानता था"
मुझे उसकी गालियाँ याद आईं
एक ने कहा सदा से चाहता रहा हूँ तुम्हें बस कहा नहीं कि बिगड़ न जाओ
मुझे उसके श्राप याद आए
इतना प्रेम कि मुझे उपेक्षाओं की याद आने लगी है अब
कहाँ हो तुम

पैरों में जूते नहीं ढंग के ठण्ड का कोई इन्तज़ाम नहीं
और पहाड़ है कि ख़त्म होने का नाम ही नहीं लेता
साँसें पैरों से तेज़ चलती हुईं सूरज चाँद-सा दिखता मुस्कुराता
न कहीं शिखर दीखता है कोई न लौटने की कोई राह
जितने क़दम चलो उतने क़दम दूर होता जाता सफ़र
कोई आवाज़ नहीं, कोई दृश्य नहीं जैसे धरती हो गई हो अचानक तिरछी
और सारे दृश्य तलहटी में जा छिपे हों
तुम थक गई होगी न
कब तक चलोगी आँखों के सहारे
एक छोटी-सी गाय रास्ता दिखाती चलती जाती है निःशंक
शाम का इन्तज़ार करें जब वह लौटेगी?
यह क्यूँ कहा तुमने—कोई रास्ता नहीं लौटने का न कोई वजह चलने की
कितने क़दमों के बाद गलने लगेगी देह?

नब्ज़ थामे मुस्कुराता है डॉक्टर—तुम नहीं बदलोगे
पूछता हूँ कितना है वक़्त तो हँसता है वह वक़्त नहीं आया अभी
बीमारी न हुई गोया सपने हुए दीखते हैं पर आते नहीं कभी क़रीब

अपने विराट एकान्तिक अंधकार में देखते हुए तुम्हें जैसे माचिस की लौ को
एक शब्द आकर ठहरता है ज़बान पर फ़िर दाँतों के बीच ठहर जाता है
भूख कहता हूँ तो अन्तड़ियों में उतर जाता है
प्यास कहने पर गले में रेंगता है आहिस्ता
चुप होता हूँ अन्त में
तो आँखों में प्रतीक्षा बनकर ठहर जाता है।

बहुत गझिन है यह यवनिका

प्रतीक्षाएँ छायाओं-सी होती जातीं रात के साथ विस्तारित
स्वप्न धुँधलाते और एक चेहरा उभरता अँधेरों की पीठ पर

भ्रम एक अधूरा सत्य है सत्य एक अधूरा भ्रम

यह जो आया है हाथ में जाने रस्सी है कि साँप है
साँसें चल रही हैं अभी और पाँव भी
होठों पर झाग नहीं एक भुनभुनाहट अस्पष्ट
आँखें नहीं देखतीं कुछ कान सुनते हैं कोई आवाज़ बेआवाज़

जहाँ राह है वहीं एक गहरा काला धब्बा भी
उतरता है किन्हीं अनन्त खाइयों में और खो जाता है
मैं चलता हूँ सारी रात और पहुँचता कहीं भी नहीं
मैं जहाँ पहुँचता हूँ वहाँ जगह है कोई या बस एक धब्बा काला
वह काला धब्बा राह है या बस एक धब्बा
जैसे आत्मा पर हो कोई कचोट जैसे देह पर घाव कोई

दूर कहीं कोई आवाज़ पुकारती है
यह मेरी ही आवाज़ है
कंठ रुँधा और आवाज़ बिलकुल साफ़
मैं भागता हूँ इसके पीछे और गिरकर गिरता चला जाता हूँ
कोई समतल मैदान जैसे हो गया हो तिर्यक अचानक
फिर जैसे दृश्य कोई नाटक का

यवनिका-सी गिरती है चुप्पी आवाज़ और मेरे बीच
इस ओर मैं हूँ अब अकेला

मैं अपनी आवाज़ की प्रतीक्षा में हूँ
आँखें उसे ढूँढ़ने गईं और किसी झाड़ी में उलझकर परेशान हैं
हाथ टटोलते की कोशिश करते हैं तो पता चलता है सुन्न हैं कब से
पाँव चलते हैं तो हवा में रह जाते हैं

एक चूहा कुतरता है चेहरा
सीने का कवच कुतरता है
साँसों में सेंध लगाता पहुँचता है सपनों तक
सपने तिलमिलाकर जाग पड़ते हैं नींद से और फिर चीख़ते हैं
उस चीख़ में यह जो आवाज़ है रोने की सी किसकी है?

मैं उस आवाज़ को पहचानने की कोशिश में ढूँढ़ता हूँ अपनी आँखें
मैं अपनी आँखों की तलाश के लिए अपनी आवाज़ ढूँढ़ता हूँ...

कवि का एकालाप

(एक)

वहाँ एक कविता थी। उसे छोड़ दिया वहीं सीढ़ियों वाले खेतों में। जैसे उस फूल को छोड़ आया वहीं उसी डाल पर। उस धार को छोड़ आया। बस इसकी ठंडक उँगलियों की पोर पर रख ली है। जैसे कविता की लय रख ली है होठों पर और फूलों की महक पलकों पर।
मैं असफल होना चाहता हूँ, डर लगता है सफलता से। जहाँ से लौटता हूँ, ख़ाली हाथ लौटता हूँ।

(दो)

आँखें इंद्रधनुष देखती हैं मन काला आकाश। हाथ नाज़ुक पत्तों को छूते हैं रूह कैक्टस के काँटों में उलझती है। पैर थकन की हद तक चलते हैं देह प्यास की हद तक।
एक मुसलसल जंग है भीतर-भीतर एक मुर्दा शान्ति बाहर-बाहर।

(तीन)

मैं यहाँ हूँ जहाँ अब कोई नहीं

ख़ामोश-सी हवा है एक सिहरन से एहसास में ज़िन्दा
मद्धम रौशनी के पेड़ों पर उजाड़ घोंसलों की तरह
सिलवटों में बिखरती झील में कँपकँपाते चाँद-सा

अन्त की ओर बढ़ चली फ़िल्म के बीते हुए किरदार-सा
हूँ और नहीं भी हूँ वहाँ जहाँ अब कोई नहीं

पुकारता है कोई नाम तो चौंकता भी नहीं
कोई छू लेता है गुज़रता हुआ तो साथ गुज़र जाती है छुअन
रेशमी साड़ी कोई तहा के रखी हुई वर्षों से
ओढ़ने की कोशिश में बिखरी जाती हो स्मृतियों-सी
इस उदास मौसम में लुत्ती-सा सुलगता हूँ
तुम्हारी राह में खड़ा ख़ामोश
तेज़ बारिश में ज्यों भीगी हुई टहनी खोखली

कहीं जाना था मुझे
कहीं रुकना था

कोट की जेब में लगी बेस्याही क़लम-सा
लौट आया हूँ हर समारोह से अलक्षित
मैं यहाँ हूँ अब जहाँ कोई नहीं।

(चार)

ये आती ठण्ड का मौसम...अजीब-सा उदास। जैसे कोई दुःख आने से पहले की दस्तक दे और आप अनसुना करें। सूरज क़रीब आके सहलाने की कोशिश करता है तो कुहरे राह रोके खड़े हो जाते हैं और हवा जो कल तक हबीब थी रक़ीब-सी एक नश्तर चलाती गुज़र जाती है। चाय का घूँट गले की नसों से उतरता जैसे राह भटक जाता है। इन्तज़ार करते-करते सिगरेट की आँच उँगलियों को छूती है अचानक और तनहाई का घना बादल घेर लेता है वजूद को। आप किसी नम्बर को ढूँढ़ते-ढूँढ़ते उदासी को ढूँढ़ लेते हैं। एक अनलिखे सन्देश का इन्तज़ार करता कबूतर शिकारी का निशाना बन जाता है और आप उसकी मौत पर आँसू बहाने की जगह सीने का बायाँ हिस्सा थामे जाने कराहते हैं कि मुस्कुराते हैं।

कोई यों ही राह चलते कंधे पर हाथ रख देता है तो मुस्कुरा के कहते हैं—आज ठंड ज़्यादा है न?

(पाँच)

रातें मौत-सी स्याह और दुःख-सी लंबी। सुबह आती है तो ऐसे कि जैसे स्टेशन आने से पहले आउटर पर देर तक खड़ी रही ट्रेन। घर को जाने वाली सड़क दिख रही हो और आप उतर न सकते हों। दिन गुज़रता है कि जैसे उलटी धार में नाव खेई जा रही हो। शाम ऐसे आती है कि जैसे नाव लग गई हो किनारे पर और आप कशमकश में हों कि एक और चक्कर लगा लें नदी का या उतर पड़ें।

यह सब सोचते देर हो ही जाती है अक्सर और तब याद आता है कविता करने से पेट नहीं भरता...

(छह)

तमाम विडम्बनाओं के साथ याद आते हैं चिनार के सूखे हुए पत्ते। हरूद में कैसे सड़कों पर बिखर जाते हैं। अक्टूबर की एक सुबह देखा था उस पर गिरी ओस की एक अकेली बूँद को। जैसे किसी प्रतीक्षा में। बर्फ़ बनने का समय आने में बहुत वक़्त था अभी और मोती बनने की कोई उम्मीद नहीं। जब तक पेड़ पर रहा होगा वह पत्ता उसका अपना क्या वजूद होगा....अब हो भले सबसे अलग अकेला...पर एक वजूद है उसका। थोड़ा अधूरा तो हुआ होगा उसके न होने से पेड़...

मेरा मन था उसे देर तक देखते रहने का। इन्तज़ार करने का उस बूँद के हश्र का...आज सोचता हूँ तो एक नया बिम्ब उभरता है मन में। एक नई इमेजरी। कभी वह पत्ता बन जाता हूँ उस बूँद को सँभालने की ज़िम्मेदारी लिये कभी वह बूँद उस पत्ते के साथ रहने की आकांक्षा लिये।

जाड़े की इस सुबह जो धूप है वह कितनी तीखी होती किसी प्रतीक्षा के बिना। लहूलुहान समय की सड़क पर जो यात्रा है वह कितनी बोझिल होती किसी

आश्वस्ति के बिना....जीवन बहाने ढूँढ़ लेता है चलते जाने के पर क़दमों को नेह के साये न मिलते तो कितना दुष्कर होता यह सफ़र...यह उस सूखे लेकिन सुन्दर पत्ते की तलाश करती ओस का सफ़र है...

(सात)

एक ख़्वाब की तलाश नींद तक ले जाती है, एक ख़्वाब की बेचैनी जागरण तक। जैसे कोई फंतासी चलती है किसी सुदीर्घ कविता में और एकदम झटके से टूटती है। अजीब-सा ख़ालीपन भरता चला जाता है रोज़। सुबह का अपना प्रिय राग विभास ढूँढ़ता हूँ वहीं जहाँ रात बेग़म अख्तर को ढूँढ़ रहा था...जो ढूँढ़ता हूँ सिवा उसके जाने क्या-क्या मिलता है। घबराकर ख़ुद से बाहर आता हूँ। चाय का कप किसी ऊब से देखता है ख़ाक होती सिगरेट को सिगरेट अख़बार को देखती है उसी निगाह से और मैं खिड़की के बाहर अब भी ढूँढ़ रहा हूँ कुछ। नीम की घनी छाँव के पीछे कोई बड़ी-सी कार लगभग बेआवाज़ गुज़र गई है। मैं उसमें बचपन की जीप के पीछे छूट गए धुएँ में बनते आकार ढूँढ़ता हूँ।

धुआँ मेरे सपनों से निकलकर पूरे वजूद पर छाता चला जाता है और अब यह एक नया दिन है...

(आठ)

एक ख़ूबसूरत दिन के बाद आई ख़ामोश शाम उदास रात की ओर बढ़ती है आहिस्ता आहिस्ता। चाँद बाम पर किसी पक्षी-सा आकर बैठ जाता है ख़ामोश। बालकनी में जाने से बचता हूँ कि उड़ ही न जाए कहीं। अमीर क़ज़लबाश से बतियाता हूँ तो क़ैफ़ी झाँकते हैं किताबों की गर्द-भरी आलमारी से। उनकी नज़्म ख़त्म करते ही फ़ैज़ और मजाज़ आ बैठते हैं पास और इन सब तमाशों को मुस्कुराते हुए देखते हैं। इनके अलफ़ाज़ के नशे में जलाता हूँ सिगरेट और धुएँ से जैसे एक कविता निकलकर कमरे में फैल जाती है। वीराने में एक जानी-पहचानी तसवीर बनती है जिसकी आँखों में ख़ामुशी का समन्दर लहराता है, होंठों पर सरगम। मैं एक सूफ़ी क़लाम गुनगुनाता हूँ तो वह आदमक़द तसवीर काँधे पर सर रख देती है।

चाँद थोड़ा और खिल जाता है, रात थोड़ी और गहरी हो जाती है

(नौ)

किसी-किसी रोज़ सूरज भी अनमना-सा उगता है जैसे पिछली रात बीमार था चाँद। नींद के गाँव में कोई शोककाल हो जैसे। सपने सन्निपात के ज्वर की दारुण फ़ैंटेसियों से शुरू होते हैं तो ख़त्म होने का नाम नहीं लेते। गर्दन पर कोई प्रेत बैठा हो जैसे और आँखों को किसी अतृप्त आत्मा ने बाँध लिया हो। धरती पर पाँव रखो तो दो क़दम नीचे चली जाती है, आसमान पर निगाह डालो तो सौ क़दम ऊपर। चाय की मिठास जीभ को काटती है सिगरेट का धुआँ चारकोल-सा जमता जाता है दिमाग़ में। देह पर ठंडा पानी गिरता है जैसे अम्ल की बूँदें और हड़बड़ा के खिड़की पर जाओ तो सामने सारे दृश्य धुँधले लगते हैं।

यह मृत्यु की नहीं सारहीन जीवन की गंध है।

(दस)

जब आग लगी हो चारों ओर तब आँच नींदों तक भी आती है। अचानक जिस मुलायम घास पर चल रहे होते हैं आप वह चुभने लगती है पाँवों में काँटों के मानिन्द। समन्दर से उठती हवाएँ गर्म हो जाती हैं अचानक। आँखों में जैसे मिर्च पड़ गई हो। दृश्य धुँधलाने लगते हैं। मंज़र बदलने लगते हैं। आवाज़ों का एक डरावना तूफ़ान बिल्कुल क़रीब से गुज़रता है। बगूले उठते हैं रेत के और आँखों को ढँक लेते हैं। एक अट्टहास साँसों को चीरता चला जाता है।
उसी वक़्त कोई हाथ जम जाता है हथेलियों पर। दो आँखें उम्मीद-सी थाम लेती हैं। होठों की एक नर्म छुअन सोख लेती है तमाम ख़ुश्क आवाज़ों को। ज़ुल्फ़ों की कच्ची ख़ुशबू गुज़रती है कहीं बहुत पास से।

कहता कोई कुछ नहीं और पाँव चलने लगते हैं पथराई ज़मीन पर ख़ार

समेटते रास्ते धुँधली-सी रौशनी से भर जाते हैं, कहीं दूर से मंज़िल के पते पाँवों को ढूँढ़ते चले आते हैं क़रीब।

(ग्यारह)

चलते-चलते अचानक रुका हूँ तो पैर चलने का हुनर भूल चुके हैं। पूरी ताक़त से चीख़ता हूँ और आवाज़ की राख से उठा कत्थई सा धुआँ नाख़ूनों में भर गया है। भोर के स्वप्न से अधूरेपन में पूरे होने का आभास देते चाँद पर यों ही ठहरी हैं निगाहें तो पाँवों में एक टीस की लहर उठी है। सूखे होठों से पतझर के पत्तों से गिरकर बिखर गए हैं शब्द यहाँ-वहाँ उम्र की खुरदुरी सड़क पर कोई निरर्थक ज्यामिति रचते। कोई कविता नहीं है आसपास बरसाती पानी में पलते कीटों-से भंगुर ख़याल तैरते हैं मस्तिष्क के सुन्न पड़ते स्नायुओं में। मुझे मुस्कुराना है ठीक इसी वक़्त जब एक तेज़ गाड़ी रौंदते हुए बिखेर गई है पत्तों की ज्यामिति।

(बारह)

स्मृतियों की बँसवारी में ज़मीन पर गिरा एक फूल है।

इतिहास के चौराहे से भटक गई राह हूँ जैसे, भविष्य के स्टेशन पर खड़ा बेटिकट। उन्मादी भीड़ के सबसे आख़िर में खड़ा बज़िद अपनी ख़ामोशी की बाँह थामे यूँ कि उसकी सूखी चमड़ी पर नाख़ून के निशान उभर आए हैं। पूजा की थाली में फूलों के साथ आ गया तिनका हूँ किसी अभिशप्त वृक्ष का। किसी दरगाह पर पैरों तले कुचल गया आँसू हूँ एक। मैं आख़िरी शहर हूँ किसी मुल्क का आख़िरी बाशिन्दा किसी डूबे हुए द्वीप का। आधी थकान हूँ हरूद में झर गए पत्ते की आधी उमंग हूँ सितंबर के बादलों की।

(तेरह)

उस गोल चक्कर पर सारे क्लेश उलझकर रह जाते थे। वहाँ से तेज़ी से भागते थे हम धीमे क़दमों से उस सड़क पर जो जाती कहीं न थी। उसके सारे पेड़ पहचानते थे हमें। नेमप्लेट्स मुस्कुराते थे देखकर हमें। किनारे बना पार्क ऐसा कि जैसे भीड़ की नदी ने चलते-चलते राह बदली हो और हरियाली का एक टुकड़ा दे दिया हो मुस्कुराकर। अतीत के झूले कुछ भविष्य के सी सॉ। बेंच एक मुहब्बतों वाली जिस पर उम्र की थकन मिटाता एक आधा बूढ़ा यूँ करवट लिये सोया है जैसे सपनों को समेट लिया हो बाँहों में।

लौटते हुए बच्चे से तुमने पूछा किस क्लास में पढ़ते हो। मुस्कुराकर बिना बोले कहा उसने तुम्हारी क्लास में पढ़ना चाहता हूँ और मैं इमली वाले के यहाँ तुम्हारा इन्तज़ार करने लगा।

(चौदह)

अलार्म बजता है भीतर कोई और उठ बैठता हूँ। जाने भीतर का अँधेरा बाहर पसरा है कि बाहर का भीतर। साँसें घुटती-सी लगती हैं तो हड़बड़ाकर पर्दा खींच देता हूँ। कुहरे की लोई से अनमनी सी रौशनी कमरे के भीतर झाँकती है और पलट जाती है। देखता हूँ चारों ओर तो सब वैसा ही जैसा देखते सोया था। पीठ के बल लेटी किताब, औंधी पड़ी गिलास, कपों की तली में दुःख-सी जमी चाय, स्मृतियाँ कुछ ठिठुरी सहमी-सी, पत्तों पर ठहरी ख़ामोशी, बदहवास सड़क...सब ठहरा हो जैसे वर्षों से किसी धूल अँटी उदास पेंटिंग-सा...किसी खँडहर-सा जिसके नेमप्लेट से अक्षर उड़ गए हों अनन्त में।

कहता हूँ ख़ुद से—सुबह-ए-अदम हुआ नुमूँ/पाँव उठा जो हो सो हो और तलाशते हुए सुबह के निशान दरवाज़ा खोलता हूँ जहाँ अख़बार है आज का और ख़बरें हैं कल की।

(पन्द्रह)

कविता पढ़ना सीखना पड़ता है।
यह कविता लिखने से ज़रा भी कम महत्त्वपूर्ण नहीं।
पाठक की सुविधा है कि उसे पढ़ने के अलावा कुछ नहीं सीखना होता।
कवि की असुविधा कि उससे लिखने के अलावा बहुत कुछ सीखने की उम्मीद की जाती है।

जिस दिन कवि मुँह देखकर बात करना सीखने लगता है उसी दिन लिखना सीखना दुष्कर होता जाता है।
जो कवि मुँह देखकर बात करना नहीं सीखता दुष्कर होती जाती है उसकी कविता।

पाठक होना मनुष्य होना है।
कवि होना संकटग्रस्त मनुष्य होना है।